Lukas Lessing

Genußradeln auf Mallorca

Steiger-Radführer

Der Autor
Lukas Lessing hat als Journalist und Reisebuchautor zahlreiche Bücher veröffentlicht. Zu seinen Spezialgebieten gehört Mallorca, das er in den letzten Monaten ausschließlich für diesen Band bereist hat. Alle Touren wurden von ihm aktuell recherchiert und von Lina Ley fotografiert.
Von Lukas Lessing liegt bei Steiger außerdem vor:
Wanderungen mit Kindern auf Mallorca.

Die Deutsche Bibliothek – CIP-Einheitsaufnahme

Lessing, Lukas:
Genussradeln auf Mallorca / Lukas Lessing. - Augsburg : Steiger, 1997
   (Steiger-Radführer)
   ISBN 3-89652-032-6

Alle Informationen und Hinweise ohne jede Gewähr und Haftung.

Es ist nicht gestattet, Abbildungen dieses Buchs zu scannen, in PCs oder auf CDs zu speichern. Ebenso unzulässig ist die Veränderung oder Manipulation in PCs/Computern, es sei denn mit schriftlicher Genehmigung des Verlags.

Gedruckt auf chlorfrei gebleichtem Papier.

Steiger Verlag
© 1997 Weltbild Verlag GmbH, Augsburg
Alle Rechte vorbehalten
Konzeption: Dr. Petra Altmann
Kartenskizzen: Ingenieurbüro für Kartographie Heidi Schmalfuß, München
Umschlaggestaltung: Steinkämper Grafikdesign, Igling
Layoutentwurf: VerlagsService Dr. Helmut Neuberger & Karl Schaumann, Heimstetten
Satz und Layout: Gesetzt aus 9/11 p Frutiger von Verlagsservice G. Pfeifer & EDV-Fotosatz Huber, Germering
Reproduktion: Lithoservice, Bozen
Druck und Bindung: Druckerei Appl, Wemding

Einbandvorderseite: Lluc Alcari (Bildagentur Mauritius, Mittenwald / Foto: S. Pearce);
Einbandrückseite: Torrent de Pareis (Bildagentur Mauritius, Mittenwald / Foto: Pigneter);
S.1 Port de Sollér; S.2/3: Banyalbufar.
Alle nicht anders bezeichneten Abbildungen stammen von Lina Ley, Berlin.

Printed in Germany

ISBN 3-89652-032-6

Inhalt

Übersichtskarte 7

Einführung 8
Die heutige Kulturlandschaft Mallorcas 8
Mallorca für Radfahrer — das Wegenetz 9
Radfahren zu unterschiedlichen Jahreszeiten 10
Mallorcas Sehenswürdigkeiten 11
Essen und Trinken: Spezialitäten und Tips 13
Die mallorqinische Küche 14
Kleiner historischer Exkurs 15
Pflanzen- und Tierwelt 16

Tourenbeschreibungen 17

  1 Die Windmühlenebene bei Can Picafort 17
  2 Von Can Picafort bis zur Punta d'es Caló 20
  3 Von Artá zu zwei stillen Buchten 23
  4 Von Cala Rajada zur Ermita de Betlem 27
  5 Von Portocristo zu den Coves d'Artá 30
  6 Von Cala d'Or zum Castell de Santueri 33
  7 Die Ostküstenbuchten-Tour 37
  8 Zwischen Windmühlen und Salzbecken 41
  9 Hinter den Hochhäusern von S'Arenal 45
10 Eine Runde hinter der Bucht von Palma 48
11 Entlang der Bucht von Palma 52
12 Im bergigen Hinterland Palmas 55
13 Von Palma Nova bis Peguera 57
14 Von Andratx nach Sant Telm 61
15 Von Andratx bis Banyalbufar 64
16 Von Palma zum Landgut Sa Granja 67
17 Von Palma in das Bergstädtchen Valldemossa 70
18 Von Palma nach Port de Sóller 73
19 Palma-Bunyola-Orient-Alaró 77
20 Von Port de Pollença zu den Höhlen
    von Campanet 80
21 Von Port de Pollença zum Cap de Formentor 84
22 Von Sant Vicenç in die Ebene S'Albufera 88
23 Von Port d'Alcúdia zum Cap d'es Pinar 93
24 Von Can Picafort bis Pollença 96
25 Von Palma bis Can Picafort 99
26 Von Palma bis Cala Rajada 102

Inhalt

27 Von S'Arenal bis Cala Figuera 106
28 Von Colònia de Sant Jordi bis Port d'Alcúdia 109
29 Von Cala d'Or bis Can Picafort 113
30 Von Portocristo bis Port de Pollença 116

Infomationen für Radwanderer 120
  Vorbereitung 120
  Ausrüstung 120
  Geeignete Radtypen 122
  Radzubehör 123
  Anreise 124
  Radtransport 124
  Radverleih 124
  Verkehrsbestimmungen im Tourengebiet 125
  Übernachtungen 126
  Verpflegung unterwegs 126
  Einkehren unterwegs 126
  Reiseapotheke 126
  Wichtige Adressen 127

Ortsregister 128

Übersichtskarte

Einführung

Die heutige Kulturlandschaft Mallorcas

Das ist schon eine merkwürdige Insel: 530 000 ständigen Einwohnern stehen jährlich sechs Millionen Touristen gegenüber – mehr als zehn für jeden Mallorquiner. Über 250 Hotels werden an der lärmenden Platja de Palma, vor allem in den beiden von deutschen Pauschaltouristen favorisierten Betonburgen Can Pastilla und S'Arenal, gezählt, aber nur zwölf Kilometer landeinwärts sucht man in dem Provinzstädtchen Llucmajor vergeblich nach Hotels, Restaurants oder Souvenirläden – und von ausländischen Gästen keine Spur! Nicht einmal die 20 000 Einwohner sind untertags zu finden – wir sehen bloß verschlossene Fensterläden, leere Gassen, stille Höfe.

Während des Sommers ist jeder Fleck auf den rund 180 Stränden an der 555 Kilometer langen Küstenlinie, an dem Sand zu finden ist und der über eine Autozufahrt verfügt, mit Handtüchern, Sonnenschirmen und Strandliegen bedeckt. Die zahlreichen Buchten jedoch, die nur zu Fuß oder mit dem Boot zu erreichen sind, bieten auch in der Hochsaison Platz und Muße und Raum genug für jeden der hier meist nur spärlich eintreffenden Besucher. Was Mallorca sonst noch alles an Gegensätzen zu bieten hat: Während in den Monaten Januar bis März die bis über 1400 Meter hohen Gipfel der Serra de Tramuntana, des die Nordküste entlanglaufenden Kalkgebirges der Insel, in eisigen Schneestürmen versinken können, fällt in den zentralen Ebenen und auf der niedrigen Hügelkette des Südostens ganz anderer Schnee: Es sind die schneeweißen Blütenblätter von Hunderttausenden von Mandelbäumen, die den Großteil der Insel in einen duftenden Frühlingsrausch tauchen. Während in den Sommermonaten auf den beiden Start- und Landebahnen des internationalen Flughafens Son Sant Joan, des dann am stärksten frequentierten Flughafens ganz Europas, alle paar Sekunden Flieger aufsetzen und abheben, machen sich in den abgeschiedenen Tälern der Serra d'En Bisquerra Schafhirten mit ihren Lasteseln auf den Weg, um die für sie wichtigsten Lebensmittel auf jahrhundertealten Saumpfaden in ihre Almhütten zu befördern, die weder über Straßen noch Materialseilbahnen oder sonstige technische Verbindungen mit der Außenwelt verfügen, von Strom, Fließwasser oder gar Telefon ganz zu schweigen.

Während sich die einen Besucher Mallorcas auf zehn Etagen in Bettenburgen mit Betonkästchenblick einstapeln lassen, verbringen andere ihre Nächte hoch in den Bergen in abgeschiedenen ehemaligen Einsiedeleien, wo die alten Mönchszellen jetzt preisgünstig an wandernde Besucher vermietet werden.

Wir sehen also: Es gibt nicht das *eine*, sondern viele **verschiedene** Mallorcas, die sich jeder Besucher nach seinem eigenen Gutdünken zurechtlegen kann. Dieser Führer soll Ihnen helfen, ein möglichst vielfältiges Mallorca zu erleben, ein Mallorca, das sich freilich nicht über Sonnengrill und Inselrundfahrten im Automobil erschließt, sondern per Drahtesel. Der Schwerpunkt liegt hier allerdings nicht im Zählen der überwundenen Höhenmeter, dutzendweisen »Mitnehmen« von Bergpässen oder Sammeln von Straßenkilometern, sondern im genußvollen Dahinra-

Einführung

deln, im Wahrnehmen von landschaftlichen wie kulturellen Eindrücken am Straßenrand und auch deutlich dahinter. Dieser Führer will Sie nicht nur zum Strampeln, sondern auch zum Absteigen verlocken. Mallorca bietet so viel Sehenswertes, daß es verdammt schade wäre, einfach darüber hinwegzubrausen: nicht nur im Mietauto, sondern sogar auf dem Rad!

In diesem Sinne wünschen wir Ihnen anstrengende, aber auch erholsame und erbauliche Mallorca-Touren.

Mallorca für Radfahrer – das Wegenetz

Das Straßennetz auf Mallorca ist gut – zu gut, wie man als Radfahrer meinen könnte: Viele Verbindungsstraßen quer über die Insel, aber auch einige Abschnitte der Rundstrecke entlang der Küste – dort, wo die Landschaftsformation eine Küstenstraße überhaupt zuläßt –, wurden zu breiten Rennstrecken ausgebaut, auf denen Einheimische wie Touristen oft das Letzte aus ihren eigenen oder gemieteten Autos herausholen. Die Routen in unserem Führer versuchen diese Strecken zu meiden, wann immer das möglich ist, und das geht sehr oft: Mallorca verfügt über ein hervorragendes, dichtes Netz von Nebenstraßen – Straßen zweiter oder dritter Ordnung, die kleine Dörfer, Weiler und auch einzelne Gehöfte untereinander verbinden. Viele dieser Straßen sind ziemlich schmal und beiderseits von Mauern oder Weidezäunen eingefaßt, so daß Autofahrer, die dort einander begegnen, manchmal zu komplizierten Ausweichmanövern veranlaßt sind – ein Problem, das uns Radfahrer nicht kümmert.

Günstig für Radfahrer wirken sich auch der Autobahnring um Palma sowie die drei Autobahnstummelchen von dort bis S'Arenal im Süden, Magaluf im Westen und Inca in der Zentralebene der Insel aus – diese (frei zu benutzenden) Autobahnen nehmen viel Verkehr von den Ausfall- und Küstenstraßen um Palma, die für den Radfahrer sonst wohl ein ziemlich arger Spießrutenlauf wären.

Fast alle Straßen auf der Insel sind asphaltiert, nur mehr wenige Bergsträßchen oder Wege durch sehr abgeschiedene Täler – oder Zufahrten zu einzelnen Gehöften, hinter denen es nicht mehr weitergeht – sind noch Staubstraßen. Auch deren Zustand ist, nicht zuletzt bedingt durch die frostfreie Witterung, so gut, daß sie mit Mountainbikes allemal, aber auch mit normalen Tourenrädern einwandfrei zu befahren sind.

Noch ein Wort an diejenigen, die sich an dieser Stelle darüber wundern, daß immer von Straßen die Rede ist: Abgetrennte Radwege sind auf Mallorca absolute Mangelware. Sie gibt es nur direkt an oder entlang den touristischen Zentren, und dort meist nur immer am Strand und damit an der (während der Saison prinzipiell vielbefahrenen) Strandpromenade – also nicht gerade die Strecke für eine erholsame Radtour.

Solche Küstenradwege finden Sie in Palma und in den Orten der Bucht von Palma, von Alcúdia bis Can Picafort sowie in den größeren Urbanisationen der Ostküste. Sofern Routen dieses Führers solche Orte berühren, werden diese Radstreifen benutzt – eine Radtour im eigentlichen Sinne läßt sich auf ihnen allerdings nicht zusammenstellen.

Außerdem gibt es auf diesen Radwegen noch ein Problem: In den Küstenorten kamen in den letzten Jahren immer mehr der auch anderswo bekannten Fahrradkutschen in Mode – Fahrräder mit zwei Radspuren und Sitzbänken für zwei bis

Einführung

vier Personen und einem Sonnendach. Nun – das sind zwar der Definition nach Fahrräder, in Wirklichkeit aber schleichende Ungetüme, die jeden noch so guten Radweg hoffnungslos verstopfen. Sie sehen: Manchmal ist die Straße auch für den Radfahrer die bessere Alternative. Welche Straße wie ausgebaut ist, läßt sich bereits auf der Karte ganz gut erkennen: Autobahnen tragen vor ihrer Nummer das Kürzel »PM«, wichtige Hauptstraßen »C« (die jeweilige Nummer erscheint auf den Kilometersteinen in Grün); unwichtige Nebenstraßen tragen schließlich die Bezeichnung »PMV« und sind gelb bezeichnet. Allzuviel Vertrauen sollte man, vor allem bei der Orientierung, in die Straßennumerierung nicht setzen – viele der Nebenstraßen tragen keine Nummern, oder diese sind nicht auffindbar. Außerdem kann es schon mal vorkommen, daß die Numerierung einer Straße ohne besonders ersichtlichen Grund geändert wurde... Hier ist den Ortsnamen auf alle Fälle der Vorzug zu geben.

Doch auch diese Orientierungshilfe kann auf Mallorca manchmal aussetzen – aus sehr regionalen Gründen: Seit die Balearen ihre autonome Regierung haben, wird im öffentlichen Sprachgebrauch, also vor allem auf Orts- und Hinweisschildern, Kastilisch (das wir gemeinhin als »Spanisch« bezeichnen) durch Katalanisch, die ursprünglichere Sprache der Insel, ersetzt. Manche der katalanischen Ortsnamen klingen sehr ähnlich wie die spanischen und sehen dann auch entsprechend ähnlich aus, andere wiederum nicht: *L'Arenal* zu *S'Arenal* kann vermutlich jeder nachvollziehen, mit *Playa Guya* zu *Platja Agulla* mag der eine oder andere schon seine Schwierigkeiten haben. Das alles ist jedoch kein auf Mallorca beschränkter Vorgang, sondern betrifft alle Balearen und Katalanien – oder wußten Sie noch nicht, daß Mallorcas Nachbarinsel jetzt nicht mehr *Ibiza*, sondern *Eivissa* heißt? In diesem Führer werden ausschließlich die neuen katalanischen Bezeichnungen verwendet – genauso wie auf Landkarten neueren Datums und den neuen Wegweisern. Manchen Mallorquinern scheint diese Umstellung allerdings ein wenig zu langsam vor sich zu gehen – die rücken dann mit schwarzem Sprühlack aus und machen Ortstafeln reihenweise unkenntlich oder »übersetzen« sie so selbst ins Katalanische – doch diese »Orientierungsprobleme« werden vermutlich in einigen Jahren zur Gänze behoben sein.

Radfahren zu unterschiedlichen Jahreszeiten

Auf Mallorca kann man das ganze Jahr hindurch radeln, wenn einige Grundregeln befolgt werden. Die Wintermonate Dezember, Januar und Februar sind mit ihren milden Temperaturen auch für längere und somit normalerweise oftmals schweißtreibende Touren sehr geeignet, wenn es nicht zuviel regnet, was in dieser Zeit natürlich durchaus passieren kann. Dieser Regen ist allerdings nicht mit dem uns bekannten Winterregen zu vergleichen – die Güsse fallen meist heftig, aber kurz aus (mit mehr als sieben Regentagen pro Monat ist auch im tiefsten Winter nicht zu rechnen). Selbst Tage, die auf den ersten Blick auf eine reine Schlechtwetterperiode hindeuten, können mit strahlendem Sonnenschein enden.

Ideale Radlermonate sind dagegen März, April und Mai sowie Oktober und November: Dann ist das Wetter oft stabil, die Temperaturen sind immer noch angenehm (zwischen 17 und 23 Grad) und die Tage, besonders im Frühling,

Einführung

schon ausreichend lang. Das Meer wird dann freilich noch ziemlich frisch sein (14 – 17 Grad), während es bis weit in den November noch angenehme Badetemperaturen aufweist (24 Grad im September, 18 Grad im November).

Anders ist es in den Monaten Juni bis September: Dann klettert die Quecksilbersäule im Tagesdurchschnitt auf 27 bis 30 Grad, Spitzentemperaturen bis 40 Grad sind keine Seltenheit. Wir Radfahrer müssen uns danach richten: Der Aufbruch zu größeren Touren muß unbedingt frühmorgens erfolgen, am besten – so hart das klingt – unmittelbar nach, besser noch vor Sonnenaufgang. Die heißeste Zeit des Tages verbringen wir dann bereits am Ziel, an einer stillen Badebucht oder in einem schattigen Olivenhain, um dann am späten Nachmittag die Rückfahrt anzutreten. Bei dieser Tagesplanung brauchen wir uns im übrigen keine Sorgen wegen eventueller Wetterumschwünge zu machen – im Juli und August regnet es pro Monat durchschnittlich nur an einem einzigen Tag, und auch dann meist nur ein paar Stunden, wenn nicht Minuten – solche Regengüsse erscheinen den Radlern in der Regel nicht als Bedrohung, sondern vielmehr als willkommene und lang herbeigesehnte Erfrischung.

Die unterschiedlichen Jahreszeiten machen sich auf Mallorca freilich nicht nur in der Temperatur, sondern auch – und vor allem – in der Vegetation bemerkbar. Der Jahresrhythmus ist genau umgekehrt wie in Mitteleuropa: Alles blüht und grünt während des Winters, reift während des Frühjahrs und stirbt im Sommer ab, auf dem Rückzug vor der brütenden Hitze. Im Herbst, wenn die ersten ergiebigeren Regenfälle niedergehen, sind dann allerorten frische Triebe zu sehen.

Fahrradparade – Radfahren wird unter Mallorca-Touristen immer beliebter.

Mallorcas Sehenswürdigkeiten

Die Insel ist nicht nur reich an Sonnenschein, Natur, Bergen, Sandstrand, Felsbuchten, Meer sowie – leider – auch an häßlichen Betonsilos und Bettenburgen, hier gibt es zusätzlich noch jede Menge ganz echte mittelalterliche Burgen, Klöster, ja Städte zu besichtigen: Mallorca bietet einen für viele Besucher völlig unerwarteten Reichtum an Architektur-,

Einführung

Kunst- und Kulturschätzen. Zentrum für Kulturinteressierte ist natürlich **Palma**, »La Ciutat«, wie die Mallorquiner ihre Hauptstadt nennen, »die Stadt«: In deren Zentrum thront die Bischofskirche, die **Kathedrale**, die wegen der oft durch die hohen Fenster brechenden Sonnenstrahlen auch »Kathedrale des Lichts« genannt wird. Dieses gotische Juwel gilt als eine der schönsten Kirchen ganz Spaniens.

Weitere Fixpunkte einer Palma-Besichtigung: Das **Castell de Bellver**, die trutzige, 1309 vollendete Königsburg von König Jaume II., früher Festung und Kerker, jetzt Museum und schönster Aussichtspunkt der Stadt. Was Sie noch sehen müssen: Das **Kloster San Francisco** mit seinem gotischen Kreuzgang, das **Miró-Museum** und das **Museo de Mallorca**, in dem Ausstellungsgegenstände aus allen Jahrtausenden menschlicher Siedlungstätigkeit auf der Insel gezeigt werden.

Das kulturelle Mallorca ist jedoch weit mehr als nur Palma: Sehenswert ist das Dorf **Valldemossa** mit seinem säkularisierten Kartäuserkloster, das nicht nur aufgrund seiner Architektur, sondern auch durch das Künstlerpaar Frédéric Chopin und George Sand berühmt wurde, das dort einen Winter verbrachte. Eine Reise wert ist auch das hinter der nördlichen Bergkette, der wildzerklüfteten **Serra de Tramuntana**, gelegene Städtchen **Sóller**, durch dessen enge Gassen sich die einzige, altersschwache Straßenbahnlinie der Insel schlängelt, sowie das direkt in den Bergen gelegene **Kloster Lluc**, der bedeutendste Wallfahrtsort der Insel, in dessen Kirche die **Moreneta**, die **Schwarze Madonna,** auch heute noch inbrünstig verehrt wird.

An der Nordküste lohnt auch ein Besuch des **Castell del Rei**, der Königsburg oberhalb der schroffen Steilküste – die ist allerdings eine der ganz wenigen Sehenswürdigkeiten der Insel, der man keinen Besuch per Rad, sondern nur zu Fuß abstatten kann: Das Schloß des Königs Jaume III. liegt mitten auf einem riesigen Privatgrundstück, dessen Besitzer der Öffentlichkeit zwar nicht den Zugang zu dem Gemäuer aus dem 13. Jahrhundert verwehren können, sich aber die Benützung von Automobilen, Motorrädern und – Fahrrädern (!) auf der neun Kilometer langen Zufahrtsstraße verbitten.

Dieses Castell geht vielleicht sogar auf Bauten aus der römischen Zeit zurück, doch das ist letztlich nicht erwiesen. Ganz sicher ist jedoch, daß Mallorca auch über römische Ausgrabungen verfügt: Die letzten Reste der **römischen Siedlung Pollentia** sind vor den (noch vorhandenen) mittelalterlichen Toren der ostmallorquinischen Stadt **Alcúdia** zu sehen: Grundmauern, Säulen, ein römisches Theater und viele einzelne Fundstücke, die im Museu Monográfic de Pollentia in Alcúdia verwahrt und gezeigt werden.

Und sonst? – Die ganze Insel scheint gleichmäßig mit einem Netz altertümlicher Windmühlen, maurischer Festungstürme (der schönste ist der **Torre de Canyamel** bei **Artá**) und romanischer bis gotischer Klöster bedeckt zu sein, die meistens auf steile Erhebungen im Innenland der Insel gebaut wurden: etwa das **Santuari de Nostra Senyora de Bonany** bei **Vilafranca de Bonany**, das **Santuari de Nostra Senyora de Cura** bei **Llucmayor** oder die **Ermita de Nostra Senyora del Puig** bei dem auf die phönizische und römische Zeit zurückgehenden Städtchen **Pollença** – in diesem steht auch das einzige noch »in Betrieb« befindliche römische Bauwerk Mallorcas, die **Römerbrücke** über das Flüßchen Sant Jordi.

Einführung

Immer am Strand lang – Fahrradwege oder abgetrennte Radstreifen wie dieser bei Can Picafort sind auf Mallorca nur in der Nähe großer Strände zu finden.

Außerdem gibt es auf Mallorca allerorten – dies als angenehme Abkühlung während der heißen Sommer – Tropfsteinhöhlen zu sehen. Die größten sind die *Coves d'Artá* in der Nähe des Städtchens *Artá*, die malerischsten sind die *Coves del Drach*, die Drachenhöhlen bei *Portocristo*, und die familiärsten, weil kleinsten und nicht so spektakulären sind die *Coves de Campanet* zwischen *Inca* und *Alcúdia*.

Auf Mallorca ist jedoch glücklicherweise kein Besucher auf *die* großen Sehenswürdigkeiten angewiesen, die vor allem im Sommer von Touristenscharen überlaufen sind (vor allem das Dorf *Valldemossa*, das Städtchen *Sóller*, das *Castell de Bellver* oberhalb von *Palma* und natürlich die Inselhauptstadt selbst); niemand ist darauf angewiesen, weil es doch noch im letzten Dörfchen der Insel uralte Kirchen, malerische Windmühlen, feldsteingefügte Häuserzeilen und schattige Plaças zu entdecken gibt, die garantiert nicht nur nicht überlaufen sind, sondern oft genug einsam und menschenleer, und die wie unberührt vor sich hinträumen.

Essen und Trinken: Spezialitäten und Tips

Auf Mallorca kann man kulinarische Höhen und Tiefen auf engstem Raume nebeneinander erleben: Schnellrestaurants auf Kotelett-Pommes-Niveau neben Gourmet-Tempeln mit spanischer Nouvelle cuisine, McDonald's neben altehrwürdigen Innenstadtcafés, Restaurants mit italienischer, französischer und auch deutscher Küche, die wie ganz ferne Erinnerungen an die Kochkünste aus diesen Ländern wirken, neben bodenständigen mallorquinischen Lokalen.

Einführung

Wir sind freilich an letzteren interessiert – an Köchen, die frische Zutaten von der Insel verwenden, Tiefkühlprodukte, Dosennahrung und Mikrowelle verabscheuen, statt dessen nach überlieferten mallorquinischen Rezepten kochen und auch international bekannten Speisen einen regionalen Einschlag zu geben vermögen (die in diesem Führer vorgestellten Restaurants und Kneipen entlang den vorgeschlagenen Radrouten sind nach solchen Kriterien ausgesucht, wann immer das möglich war – und es ist fast überall auf der Insel möglich, selbst in den touristischen Zentren, in denen es, zumindest auf den ersten Blick, eher nach Pizza-Pommes-Schnitzel-Einöden aussieht).

Die mallorquinische Küche (cuina mallorquina)

Worin besteht aber nun die regionaltypische Besonderheit des Inselessens? – Die Speisen sind generell deftig, gut gewürzt, knoblauchgesättigt und stehen allesamt nicht auf der Empfehlungsliste von Diätberatern.
Ein typisch mallorquinisches Mahl beginnt mit einer kräftigen Suppe, vielleicht gleich mit einer *sopa mallorquina*, die weniger wie eine Suppe und vielmehr wie ein Eintopf daherkommt, mit viel Kohl und darin schwimmenden Fleischstückchen.
Beliebt ist auch die *sopa de pescado*, die Fischsuppe, oder die *sopa de verdura*, die Gemüsesuppe, der kalorienmäßig leichteste Einstieg in die mallorquinische Speisewelt.
Danach gibt es meist *paella*: Reis, Fisch, Huhn, Gemüse und verschiedene Meeresfrüchte werden klein geschnitten und mit ölgekochtem Reis vermengt. In einem wirklich guten Lokal muß die paella vorbestellt werden oder bedeutet eine Wartezeit von etwa einer Stunde, denn paella muß frisch zubereitet gegessen werden.
Die klassischen mallorquinischen Fleisch- oder Hauptgerichte sind *pierna de cordero*, gebratene Lammkeule, *costillas de cordero*, Lammkottelets, oder *lomo con col*, das ist Schweineschnitzel in Kohl eingerollt. Beliebt ist auch *pollo* (Huhn) oder *conejo con cebolla* (Kaninchen mit Zwiebeln) oder *conejo al ajillo* (Kaninchen mit Knoblauch) – und natürlich das Nationalgericht *frito mallorquín*, »mallorquinisches Gebackenes«, das sind gut gewürzte Innereien, meist vom Hammel, mit Kartoffeln, Zwiebeln und Paprikaschoten – alles Speisen von Tieren, die zumeist auf der Insel und in Freilandhaltung gezüchtet werden.
Auf der durchschnittlichen mallorquinischen Speisekarte nehmen natürlich auch Fische und Meeresfrüchte weiten Raum ein: Die kommen meist gegrillt, gebraten oder vom Rost *(a la plancha)* auf den Tisch. Achten Sie bei der Lektüre der Speisekarte auf das Beiwort *fresco*: Nur wo *pescado fresco* steht, ist mit wirklich frischem Fisch zu rechnen, in allen anderen Fällen kommen die Tiere aus dem noch wesentlich fischreicheren Atlantik – natürlich tiefgekühlt.
Auf Mallorca erhält man auch eine große Auswahl an Meeresfrüchten angeboten – *gambas* (Garnelen), *langostinos* (Langusten) sowie *calamares* und *sepia* (Tintenfische). Das Fleisch der ganz großen Tintenfische, von denen oft bis zu zehn Kilogramm schwere Exemplare aus dem Meer gezogen werden *(pulpo)*, ist nicht jedermanns Sache – das kann manchmal eine etwas zähe Angelegenheit sein. Zuletzt sei noch an Muscheln gedacht, *mejillones*, die entweder *al vapor*, einfach gekocht, oder *a la marinera*, in Weinsauce, serviert werden.
Das typisch mallorquinische Mahl wird

Einführung

schließlich mit *queso de Mahón*, weißem Ziegen- oder Schafskäse, *flan*, einem Karamelpudding, oder einfach mit einer Schale voll frischem Obst abgeschlossen – und natürlich mit *café sólo*, das ist schwarzer, starker Espresso.
Zum Essen selbst werden Wein und Wasser getrunken, *vino tinto* (Rotwein), *rosado* (Rosé) oder *blanco* (Weißwein) und *agua mineral*, entweder *sin* oder *con gas*, ohne oder mit Kohlensäure. Der Wein stammt in der Regel vom spanischen Festland – mallorquinischer Wein wird nur in geringen Mengen angebaut und beschränkt sich auf kräftige, aber auch ziemlich einfache Gewächse – abgesehen vom oft erhältlichen, empfehlenswerten mallorquinischen Rotwein aus *Binissalem*.
Jetzt bleibt nur noch, »¡Bon profit!« zu wünschen, »guten Appetit« auf Mallorquin (wörtlich: »möge es nutzen!«) – oder »¡Salut!«, das mallorquinische »Prost!« (wörtlich: »Gesundheit!).

Kleiner historischer Exkurs

Mallorca ist seit ungefähr 5 000 Jahren besiedelt – einzelne Relikte von ersten Bewohnern, Mauern von einst wuchtigen Behausungen aus Natursteinen, sogenannte *Talaiots*, sind bis heute erhalten und zu besichtigen.
Die Geschichte dieser 5 000 Jahre liest sich alles andere als langweilig: Nachdem im ersten Jahrtausend vor Christi Geburt die Iberer, Kelten, Phönizier, Griechen, Karthager, Vandalen, Byzantiner, Franken, Normannen, Araber, Lombarden, Katalanen, Aragonesen und Spanier die Insel in mehr oder minder freundlicher Absicht heimgesucht hatten, kamen 123 v. Chr. die Römer in eindeutig feindlicher Mission – sie eroberten das Eiland vollständig und nutzten es zur Ansiedlung von Verbannten, aber auch von Veteranen der römischen Armee.
Vieles, was heute auf Mallorca selbstverständlich ist, geht auf sie zurück: Olivenbäume und Weinbau, Ackerbau und Keramik, Straßen- und Brückenbauwerke, von denen eine noch bis heute erhalten geblieben ist (die »*Römerbrücke*« in Pollença).
Mit der Eroberung Mallorcas durch die Vandalen (425 n.Chr.) hatten solche zivilsatorischen Fortschritte erstmal ein abruptes Ende gefunden. Erst die Invasion der Mauren (902 n.Chr.) brachte in der Folge wieder eine kulturelle Blüte mit sich: Der arabische Baustil breitete sich auf Mallorca aus, das Arabische beinflußte die Sprache der Insel, das Katalanische, nachhaltig. Die Gebirgshänge wurden mit großem Aufwand terrassiert, Bewässerungsanlagen gebaut, neue Früchte angepflanzt: Zitronen und Orangen, Mandeln und Aprikosen, Pfirsiche und Palmen.
Um die Wende zum nächsten Jahrtausend hielten wieder Christen Einzug auf Mallorca – begleitet von Plünderungen und Zerstörungen. Erst unter König Jaume I. gab es wieder ein friedliches Nebeneinander der Kulturen. Aus den wechselnden Regimen der nächsten Jahrhunderte blieb letztlich Spanien als wichtigste Schutzmacht, aber auch als dominierende Kraft auf der Insel bestehen.
1979 erhielten die Balearen ihren Autonomiestatus, der es ermöglichte, die alte Sprache Katalanisch wieder zur Haupt- und Amtssprache zu erheben, eine eigene Verwaltung einzuführen und sich so ein wenig vom Joch des Mutterlandes zu befreien – dies freilich nur bis zu einem gewissen Grad. Auf Mallorca

Einführung

wünscht sich bis dato – im Unterschied zu anderen regionalistischen Bestrebungen im Mittelmeerraum – niemand Eigenstaatlichkeit; dazu sind die Bande zum spanischen Festland zu eng, die gemeinsamen Interessen zu sehr ineinander verwoben. Die Mallorquiner fühlen sich immerhin nicht nur als Inselbewohner oder als Bewohner der Balearen, sondern als Katalanen, und deren Hauptstadt ist schließlich nicht Palma, sondern Barcelona genau gegenüber von Mallorca, auf der iberischen Halbinsel.

Pflanzen- und Tierwelt

Flora und Fauna der Insel sind seit Tausenden von Jahren stark durch den Menschen beeinflußt: Die ausgedehnten Wälder wurden schon während der Antike gerodet, die Plantagenkulturen und Terrassierungen in arabischer Zeit eingeführt. Heute ist Mallorca überall dort, wo menschliche Ansiedlung überhaupt möglich ist, Kulturland. Oliven-, Mandel-, Feigen- sowie Zitrusfruchtbäume bestimmen das Landschaftsbild, dazwischen bleiben Wiesen und Weiden der Viehzucht und Milchwirtschaft (Kühe, aber vor allem Schafe, Ziegen und die überall zu sehenden, ebenfalls frei weidenden Schweine) vorbehalten. Anders im Gebirge: An den steilen und steinigen Hängen wächst die Garrigue oder Macchie, eine Mischung verschiedenster Gestrüpp-, Dornen- und Grassorten, die für den gesamten Mittelmeerraum charakteristisch ist. In geschützteren Lagen finden wir Kiefern- und Steineichenwälder sowie vereinzelt Johannisbrotbäume.

Wilde Tiere gibt es auf Mallorca keine – dafür sorgen die Insellage und die Jagdleidenschaft der Mallorquiner. Die größten freilebenden Tierarten sind Kaninchen und Bergziegen, die gefährlichsten Zecken und Stechmücken – letztere treten vor allem in den Sumpfgebieten des Südens auf, Zecken im Unterholz der Gebirge.

Die vier Natternarten Mallorcas sind ungiftig, genauso die bis zu fünf Zentimeter langen, seltenen Skorpione. Zahlreich sind vor allem die Vögel vertreten – mit rund 300 verschiedenen Arten. Sie machen die Insel auch zu einem Dorado für (vor allem englische) Ornithologen, die mit ihren langen Ferngläsern, Stativen und Campingstühlen mindestens genauso interessant zu beobachten sind wie die von denen ins Visier genommenen Vogelscharen.

Tourenbeschreibungen

Die Angaben zu den »**Steigungen**« meinen die sowohl aufwärts als auch abwärts zu überwindenden Höhenmeter.

1 Die Windmühlenebene bei Can Picafort

Zu den verträumten Dörfern hinter der Bucht von Alcúdia

Ausgangsort
Can Picafort

Zielpunkt und Rückfahrt
Can Picafort

Gesamttourenlänge
49 km

Durchschnittlicher Zeitbedarf
4 Std.

Etappen
Can Picafort – Santa Margalida 10 km – Petra 12 km – Son Doblons 15 km – Can Picafort 12 km

Steigungen und Gefälle
20 Höhenmeter

Struktur des Geländes
Kaum spürbar gewellte Ebene mit Feldern, Schilf, Gras, Weiden, Dörfern und Windmühlen

Sehenswertes am Weg
Kirche von *Santa Margalida* (1232). *Petra*: Geburtshaus Juniper Serras, des berühmten wie weitgereisten Franziskanerpaters (Museum). Pfarrkirche Sant Pere (1724) mit sechseckigem Glockenturm.

Wegmarkierungen
Straßenwegweiser

Günstigste Jahreszeit
Ganzjährig

Besondere Ausrüstung
Insektenschutzmittel im Sommer, vor allem abends

Empfehlenswerter Radtyp
Jeder

Can Picafort ist einer der rasch aufstrebenden Ferienorte Mallorcas. Der lange, feinsandige Strand, die weitläufige, ruhige Bucht von Alcúdia und die ausgedehnten sowie (noch) unverbauten Kiefernwälder vor allem südlich des neuen Städtchens bieten ideale Voraussetzungen für eine touristische Erschließung. An der Hauptstraße, der Carretera Alcúdia – Artá, reiht sich Fast-Food-Tempel an Autoverleih, Imbißbude an Strandartikelgeschäft, Wechselstube an Souvenir-

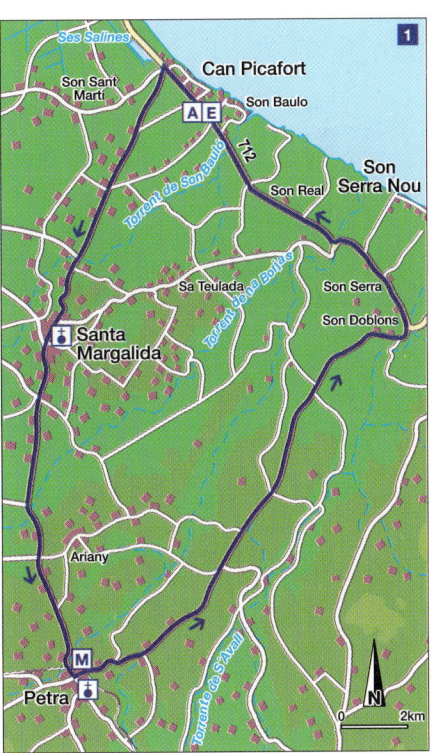

17

1 Die Windmühlenebene bei Can Picafort

laden – und dann wieder von vorne. Immerhin gibt es hier viele Möglichkeiten, um preiswert gute Räder auszuleihen. Wir verlassen diese Kunstwelt auf schnellstem Wege und folgen irgendwo im Ort, ausgehend von der Hauptstraße, einem der zahlreichen Wegweiser landeinwärts nach **Santa Margalida** – alle

Die Kirche von Petra ist architektonischer Mittelpunkt des verschlafenen Landstädtchens.

Die Windmühlenebene bei Can Picafort

Abzweigungen stoßen wenige Kilometer hinter Can Picafort aufeinander. Das kleine Landstädtchen finden wir meist still vor sich hin dösend vor – geschlossene Fensterläden, leere Straßen, ein paar dunkle Läden mit Waren des täglichen Bedarfs, eine stille Bar, einige trübe Schaufenster. Hier, nur 8 km hinter der Küste, hinter Can Picafort, ist nichts mehr zu spüren von hektischer Touristenbetriebsamkeit, nichts mehr von der Goldgräberstimmung eines Ferienortes. Sehenswert ist die massige gotische Pfarrkirche von Santa Margalida (1232), allein schon wegen des weiten Blickes über die Ebene, den man vom schattigen Kirchenvorplatz genießen kann.

Von Santa Margalida radeln wir südlich weiter, nach Petra – zwischen je nach Jahreszeit duftenden Blumenwiesen, vertrockneten Grassteppen oder tiefgrünen Weiden. In **Petra** bietet sich dasselbe Bild wie in Santa Margalida – Ruhe und Beschaulichkeit pur. Sämtliche »Hauptstraßen« des Städtchens sind schmale Gäßchen, deren Stille nur manchmal vom Auföhren eines Mopeds unterbrochen wird. Sehenswert ist das **Geburtshaus des Franziskanerpaters Juníper Serras**, heute ein kleines Museum, bis zum Bersten mit Erinnerungsstücken, Briefen und Karten des weitgereisten Geistlichen gefüllt. Auf der Plaça Padre Serra erinnert ein Denkmal an den bedeutenden Sohn der sonst doch so unbedeutenden Stadt. Schön ist auch die **Pfarrkirche Sant Pere**, vor allem der Altar in der rechten Seitenkapelle.

Wir lassen uns jedoch nicht von der ländlichen Schläfrigkeit anstecken und halten uns im Ort links an das Schild Artá, unterqueren die Ortsumfahrung von Petra und kommen so nach fast 20 km ohne jedes Dorf an die Küstenstraße, der wir links zurück nach **Can Picafort** folgen – ab Son Serra Nou größtenteils auf einem eigenen, direkt neben der Straße verlaufendem Radweg.

Anfahrt zum Ausgangsort
Von Palma mit der Bahn bis Inca, von dort mit dem Bus im direkten Anschluß zum Zug aus Palma. Direktbusse auch von Palma, Pollença, Artá und Alcúdia

Rückfahrt zum Zielpunkt
Wie Anfahrt

Radverleih
Zahlreiche Möglichkeiten an der Hauptstraße von *Can Picafort*, und Automóvils J. Celia, Paseo Colón 128, ✆ 52 72 20, oder David Moyse, C. Isaac Peral 94, ✆ 52 77 42

Übernachtungen unterwegs
Nur in *Can Picafort*: Hotel Tonga Sol***, Carretera Artá-Alcúdia, ✆ 85 00 00, Mai – Okt., Hotel Sol***, Avinguda Jaime I, ✆ 85 02 21, Mai – Okt, Hotel Galaxia*, Avinguda Colón 48, ✆ 52 71 29, April – Okt. *Campingplatz* Platja Blava südlich der Uferstraße (landeinwärts) gelegen, ✆ 53 78 63

Einkehrmöglichkeiten
Zahlreiche Restaurants an der Haupt- und Uferstraße in *Can Picafort*

Öffnungszeiten
Petra: Museo del Padre Serra, C/. Barracar Ecke C/. Fray Junípero Serra (Schlüssel im Haus Nr. 6), tgl. 9 – 13 u. 15.30 – 18 Uhr

Auskunft
Oficina Municipal de Turismo, Plaça del Ingeniero Gabriel Roca, *Can Picafort*, ✆ 85 03 10

Karte
Falk-Plan Mallorca

Variante
Diese Route läßt sich gut mit *Tour 2* verbinden – ab Son Doblons nicht links zurück nach Can Picafort, sondern auf der Uferstraße C712 nach rechts Richtung Artá, dann gleich links weiter Richtung Illa Ravena. Weiter siehe Tour 2.

2 Von Can Picafort bis zur Punta d'es Caló

Durch eines der letzten Paradiese der Insel

Ausgangsort
Can Picafort

Zielpunkt und Rückfahrt
Can Picafort

Gesamttourenlänge
42 km

Durchschnittlicher Zeitbedarf
5 Std.

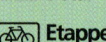
Etappen
Can Picafort – Illa Ravena 13km – Colònia de Sant Pere/Urbanisation Betlem 4 km – Punta d'es Barraca 3 km – Punta d'es Caló 1 km – Punta d'es Barraca 1km – Betlem 3 km – Illa Ravena 4 km – Can Picafort 13 km

Steigungen und Gefälle
25 Höhenmeter

Struktur des Geländes
Ebene Strandlandschaft zwischen Can Picafort und Illa Ravena, dahinter leicht gewelltes Küstenland mit danebenliegender Bergkette. Fast durchwegs ebene Strecke

Sehenswertes am Weg
Malerischer Fischerhafen in *Colònia de Sant Pere*. Badebuchten *Caló d'es Cans, Cala Mata* und *Es Caló*

Wegmarkierungen
Straßenwegweiser

Günstigste Jahreszeit
Ganzjährig

Besondere Ausrüstung
Keine

Empfehlenswerter Radtyp
Mountainbike (die Strecke Colònia de Sant Pere/Urbanisation Betlem – Punta d'es Barraca – Punta d'es Caló ist nicht asphaltiert)

Wir verlassen die Skyline *Can Picaforts* auf der Hauptstraße, der Carretera Alcúdia-Artá in südlicher Richtung, also in der nach Artá. Neben der Straße verläuft ein Radweg, der an und für sich gut befahrbar wäre, wenn nicht immer wieder doppelsitzige, rikschaartige, sonnenschirmbedachte »Fahrrad«-Monster aus den diversen Strand-Radverleihen den Weg versperrten. Die Strecke ist eben und bequem, sie verläuft im Kiefernwald. Nur zwischen den Abzweigungen zu den Urbanisationen Son Serra Nou und Illa Ravena senkt sich die Straße einmal in ein kleines Tal ab, um danach wieder sanft anzusteigen. Die nächste Abzweigung nach links nehmen wir – sie führt zwischen Feldern und Obstgärten nach **Colònia de Sant Pere**, einem bis heute ziemlich stillen, ja fast verträumten Fischer- und Urlaubsort. Restaurants und Bars an der wenig befahrenen Mole laden zur Rast ein. Wir fahren die Uferstraße entlang, um nach dem letzten Restaurant eine der kleinen Querstraßen rechts hinauf zu nehmen – geradeaus endet die Straße bald an einer kleinen Bucht. Die obere Straße führt dagegen weiter zur Urbanisation *Betlem*, die wir immer geradeaus fahrend durchqueren, bis der Asphalt von Schotter abgelöst wird. Doch keine Angst – die Straße bleibt weiterhin passabel und ist auch mit ganz normalen Rädern gut zu befahren.
Schon gleich am Anfang der Schotterstrecke lockt das erste Badevergnügen – links führt ein Pfad zwischen Buschwerk und Felsen einen ziemlich steilen, aber ungefährlichen Hang in die **Caló d'es Cans** hinunter. Der dortige kleine Sandstrand ist völlig unverbaut und gehört zu den ruhigsten auf dem Landwege erreichbaren Badebuchten der ganzen Insel.

Von Can Picafort bis zur Punta d'es Caló 2

Strand und Promenade von Colònia de Sant Pere sind nach wie vor ruhige Geheimtips für Erholungsuchende.

2 Von Can Picafort bis zur Punta d'es Caló

Die kleinen Buchten an der Punta d'es Caló sind selbst an schönen Sommertagen nie überfüllt – vielen Badegästen ist der Anmarsch oder die Anfahrt per Rad zu mühsam.

Unser Weg folgt der Steilküste immer rund 50 Meter oberhalb des Wasserspiegels – manchmal in lichten Kiefernwäldchen, manchmal durch steiniges, nur gestrüppbewachsenes Gelände. Rechts ist der abwechslungsreiche Kamm der Serra de Artá zu sehen, links die Bucht von Alcúdia, dahinter die gebirgige Halbinsel neben der gleichnamigen Stadt. Immer wieder gehen nach links Pfade ab, die zu winzigen sandigen Badeplätzen führen, die oft nicht mehr als einer Handvoll Leute Platz bieten. Gegen Ende des Weges wird das Ufer ein wenig flacher, die Bucht **Es Caló** tut sich auf. Sie ist ein wenig steinig, aber glasklar und ruhig. Ihr Abschluß bildet eine kleine Mole mit einem angerosteten Eisenbetonpfahl, der wohl einmal den Kern eines Leuchtturmes dargestellt haben muß. Wer ein paar Meter weiter geht, wird mit noch einer Bucht belohnt, zweifellos der schönsten der ganzen Tour: wie ein Torrent von schützenden Abhängen umgeben, teils kiefernbewachsen, teils sonnig, mit sehr ruhigem, azur leuchtendem Wasser – ein wahrer Bilderbuchbadeplatz. Proviant und Getränke sollten wir jetzt dabei haben, denn hier gibt es weit und breit nichts zu kaufen – aber gerade das könnte man als einen Vorteil dieses verlassenen Ostzipfels Mallorcas ansehen.

Rückfahrt auf derselben Route.

3 Von Artá zu zwei stillen Buchten

Das windzerzauste Hügelland zwischen Artá und Cap Ferrutx

Anfahrt zum Ausgangsort
Von Palma mit der Bahn bis Inca, von dort mit dem Bus im direkten Anschluß zum Zug aus Palma. Direktbusse auch von Palma, Pollença, Artá und Alcúdia.

Rückfahrt zum Zielpunkt
Wie Anfahrt

Radverleih
Zahlreiche Möglichkeiten an der Hauptstraße von *Can Picafort*, und Automóvils J. Celia, Paseo Colón 128, ℡ 52 72 20, oder David Moyse, C. Isaac Peral 94, ℡ 52 77 42

Übernachtungen unterwegs
In *Can Picafort*: Hotel Tonga Sol***, Carretera Artá-Alcúdia, ℡ 85 00 00, Mai – Okt., Hotel Sol***, Avinguda Jaime I, ℡ 85 02 21, Mai – Okt, Hotel Galaxia*, Avinguda Colón 48, ℡ 52 71 29, April – Okt. Campingplatz Platja Blava südlich der Uferstraße (landeinwärts) gelegen, ℡ 53 78 63. Hostal Rocamar in *Colònia de Sant Pere* (Calle San Mateo, ganzjährig geöffnet). Camping Club San Pedro, Cala des Camps, *Colònia de Sant Pere*, ℡ 58 90 23 (April – Sept.).
Einfache, aber preisgünstige Übernachtungsmöglichkeit in der *Ermita de Betlem* (siehe Variante).

Einkehrmöglichkeiten
Zahlreiche Restaurants an der Haupt- und Uferstraße in *Can Picafort*. Ein Restaurant in der Urbanisation *Betlem* (nicht empfehlenswert). Besser in *Colònia de Sant Pere* (dort am besten das Restaurante Bar »Playa« direkt an der Uferstraße). Am letzten Teil der Strecke gibt es keine Lokale

Auskunft
Oficina de Información Turística, Cala Rajada, Plaça dels Pins (Pavillon in der Platzmitte), ℡ 56 30 33 (Mo – Fr 11 – 13.30 und 16 – 19 Uhr)

Karte
Falk-Plan Mallorca

Variante
Wem diese Route zuwenig Anstrengung bietet, der unternimmt zusätzlich noch einen kleinen Abstecher zur Ermita de Betlem, einer idyllisch gelegenen Einsiedelei – wohl am besten zu Fuß (siehe Tour 4).

 Ausgangsort
Cala Rajada

 Zielpunkt und Rückfahrt
Cala Rajada

 Gesamttourenlänge
49 km

 Durchschnittlicher Zeitbedarf
6 Std.

 Etappen
Cala Rajada – Artá 11 km – Cala Estreta 13 km – Cala Mitjana 2 km – Artá 12 km – Cala Rajada 11 km

 Steigungen und Gefälle
300 Höhenmeter

 Struktur des Geländes
Hügelig, Macchie

 Sehenswertes am Weg
In *Capdepera Castell* aus der Römer- bzw. Araberzeit, in *Artá* Besichtigung der *Altstadt*, des maurischen *Castells*, des *städtischen Museums* und der *Talaiots Ses Paises* (Ausgrabungen eines »Königspalastes«)

 Wegmarkierungen
Straßentafeln

 Günstigste Jahreszeit
Oktober–Mai

 Besondere Ausrüstung
Trinkwasser (an den Stränden keine Einkehr/Verpflegungsmöglichkeit)

 Empfehlenswerter Radtyp
Tourenrad, Mountainbike (Schlaglöcher auf den Nebenstraßen)

3 Von Artá zu zwei stillen Buchten

Das maurische Castell von Artá thront hoch über dem mittelalterlichen Städtchen.

Von *Cala Rajada* folgen wir der leider vielbefahrenen und fast zu breiten, anfangs sogar in jeder Richtung zweispurigen Straße C715 nach Artá – stets bergan, vor Capdepera sogar ziemlich steil. Wer hier im Sommer untertags unterwegs ist, wird ziemlich ins Schwitzen kommen. Immerhin bietet **Capdepera** den Rastenden einiges an Abwechslung, Erholung und Erbauung: In den engen Gäßchen läßt es sich angenehm schlendern, auf der Plaça gut in Haus- und Baumschatten auf Kaffeehausterrassen sitzen, und wer sich noch ein wenig mehr betätigen möchte, der steigt hinter der Plaça (Beschilderung) zum römischen (oder arabischen? – das ist nicht ganz geklärt) *Castell* hinauf, das hoch über der Stadt thront.

Hinter Capdepera geht es durch sanft gewelltes Hügelland bis **Artá**, einer schon von der Ferne ins Auge stechenden, stolz auf einem Hügel thronenden mittelalterlichen Stadt. Die wird wiederum von einer ganz richtigen Burg mit Zinnen und Türmchen überragt, einem maurischen *Castell*, sowie von einem *Kalvarienberg* und der mächtigen Wehrkirche, die heutige *Pfarrkirche Transfiguració del Senyor*. In der Nähe des alten Bahnhofes (heute verkehren hierher keine Züge mehr) sind die *Ta-*

Von Artá zu zwei stillen Buchten 3

laiots Ses Paises, Ausgrabungen eines »Königspalastes«, zu finden – Artá ist neben Palma das kulturhistorische Zentrum der Insel.
In Artá folgen wir direkt neben der Auffahrt zum Castell dem Wegweiser »Cala Estreta«. Schon kurz hinter der Stadt haben wir das Gefühl, einem – für zugängliche, meeresnahe Gegenden – untypischen Mallorca zu begegnen: Offensichtlich lange vernachlässigte Asphaltpisten winden sich durch mediterrane, aber menschenleere Landschaft, das Meer liegt zum Greifen nah und azurblau vor uns, doch weit und breit sind keine Ferienhäuser, Appartementsiedlungen, Strandrestaurants oder Urbanisationen zu sehen. Doch das hat alles seine Gründe: Die Straßen wurden gar nicht für uns Touristen gebaut, sondern von Kriegsgefangenen in der Franco-Ära, um die Verteidigung der Insel zu

Die Badebuchten Cala Estreta und Cala Matzocs sind von bizarren Felsformationen umgeben, auf denen es sich bequem ein wenig umherklettern läßt.

25

3 Von Artá zu zwei stillen Buchten

stärken. Und Hotes ließen sich hier bis jetzt keine nieder, weil diese Ecke als die mit Abstand windigste der ganzen Insel gilt.
An einer Weggabelung ohne Hinweisschilder halten wir uns links und radeln hinunter zum Meer, zur **Cala Estreta**: Ein kleiner, selbst im Sommer nicht überlaufener Sandstrand ohne irgendwelche Einrichtungen, von einer Imbißbude abgesehen. Nach einer Badepause geht es rechter Hand entlang oder oberhalb der Küste weiter zur **Cala Mitjana**, an der sich uns das gleiche Bild bietet: Glasklare Bucht, Sandstrand, eingerahmt von bizarren Felsformationen, dahinter niedriger Kiefernwald, ein paar Autos, ein paar Wohnwagen – aus.
Von der Bucht radeln wir durch den Wald bergan, und kommen nun wieder auf die Gabelung, an der wir uns vorhin links gehalten hatten – diesmal freilich auf dem rechten Ast. Von hier auf gleichem Wege zurück nach **Cala Rajada**.

 Anfahrt zum Ausgangsort
Bis zu viermal täglich von Palma

 Rückfahrt zum Zielpunkt
Siehe Anfahrt.

 Radverleih
Avinguda Cala Agulla 116, ✆ 56 36 01, Avinguda Cala Agulla 87, ✆ 56 41 75

Übernachtungen unterwegs
Dutzende Hotels in *Cala Rajada*, z.B. an der Cala Agulla (span.: Guya): Hotel Bella Playa (April – Okt., Avinguda de la Agulla, 125, ✆ 56 30 50). Hotel Es Vinyet (April – Okt., C/. Mateo y Catalina, 1, ✆ 56 55 51). An der *Platja Son Moll*: Hotel Serrano (ganzjährig, ✆ 56 33 50). *Camping*: Club San Pedro, Cala des Camps, Colònia de Sant Pere, ✆ 58 90 23 (April – Sept.). Keine Hotels in Artá

Einkehrmöglichkeiten
Keine an den Stränden sowie zwischen denen und Artá. Unzählige Restaurants in *Cala Rajada* (empfehlenswert: Acuarium, beim Hafen), *Son Moll* (besonders zu empfehlen: Restaurante Ca'n Pere, Avinguda. América 34 – das einzige zwischen Straße und Meer). In *Artá* das Restaurant Can Faro (tgl. außer Fr abends und Sa mittags)

Öffnungszeiten
Capdepera: Castell im Sommer tgl. 10 – 13 u. 16 – 19 Uhr, im Winter 10 – 13 u. 15 – 17 Uhr. *Artá:* Castell tgl. 10 – 18 Uhr, Museum Calle Rafael Blanes 8, Mo – Fr 10 – 12 Uhr, Ses Paises immer

Auskunft
Oficina de Información Turística, Cala Rajada, Plaça dels Pins (Pavillon in der Platzmitte), ✆ 56 30 33 (Mo – Fr 11 – 13.30 und 16 – 19 Uhr)

Karte
Falk-Plan Mallorca

Variante
Wer auf Mountainbikes unterwegs ist und über ein wenig Geländeerfahrung verfügt, der kann, noch bevor er die erste Bucht, die Cala Estreta, erreicht, einen kleinen Abstecher zu einer weiteren Bucht, zur *Cala Matzocs*, und zu einem *Piratenturm* unternehmen – die anderen mögen diesen kleinen, aber ganz und gar lohnenden Umweg zu Fuß unternehmen (Länge des Umweges 4 km).

4 Von Cala Rajada zur Ermita de Betlem

Das enge Paßsträßchen über die Serra de Artá

 Ausgangsort
Cala Rajada

 Zielpunkt und Rückfahrt
Cala Rajada

 Gesamttourenlänge
42 km

 Durchschnittlicher Zeitbedarf
6 ½ Std.

 Etappen
Cala Rajada – Artá 11 km – Ermita de Betlem 10 km – Artá 10 km – Cala Rajada 11 km

 Steigungen und Gefälle
800 Höhenmeter

 Struktur des Geländes
Zwischen Cala Rajada und Artá hügelig, hinter Artá – je näher man zur Ermita kommt – um so bergiger

 Sehenswertes am Weg
In *Capdepera Castell* aus der Römer- bzw. Araberzeit, in *Artá* Besichtigung der *Altstadt*, des maurischen *Castells*, des *städtischen Museums* und der *Talaiots Ses Paises*, Ausgrabungen eines »Königspalastes«. Einsiedelei *Ermita de Betlem*

 Wegmarkierungen
Nur Straßenwegweiser

 Günstigste Jahreszeit
Oktober – Mai

 Besondere Ausrüstung
Trinkwasser (keine Einkehrmöglichkeit hinter Artá)

 Empfehlenswerter Radtyp
Unter zehn Gängen ist die Serra de Artá radelnd nicht zu schaffen

Die Ermita de Betlem ist zwar weder die älteste noch kunsthistorisch interessanteste Einsiedelei der Insel, aber wohl die mit der idyllischsten Lage.

Von *Cala Rajada* folgen wir der leider vielbefahrenen und fast zu breiten, anfangs sogar in jeder Richtung zweispurigen Straße C715 nach **Artá** – stets bergan, vor Capdepera sogar ziemlich steil. Wer hier im Sommer untertags unterwegs ist, wird ziemlich ins Schwitzen kommen. Immerhin bietet **Capdepera** den Rastenden einiges an Abwechslung, Erholung und Erbauung: In den engen Gäßchen läßt es sich angenehm schlendern, auf der Plaça gut in Haus- und Baumschatten auf Kaffeehausterrassen sitzen, und wer

4 Von Cala Rajada zur Ermita de Betlem

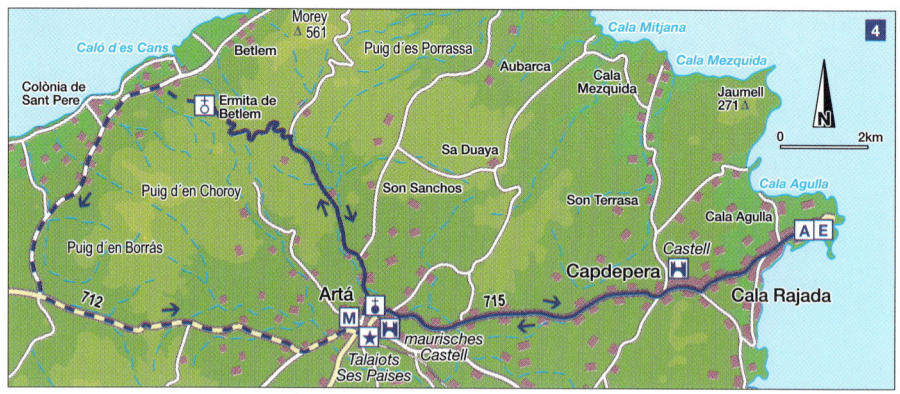

Das Castell von Artá ist eine richtige Bilderbuchburg: Zinnen, Wehrtürme und rundum ein weiter Blick auf Land und Meer.

Von Cala Rajada zur Ermita de Betlem

sich noch ein wenig mehr betätigen möchte, der steigt hinter der Plaça (Beschilderung) zum *Castell* hinauf, das hoch über der Stadt thront.

Hinter Capdepera geht es durch sanft gewelltes Hügelland bis **Artá**, eine schon von der Ferne ins Auge stechenden, stolz auf einem Hügel thronenden mittelalterlichen Stadt.

Die kleine Nebenstraße von Artá zur Ermita ist ausgeschildert. Zu schmal für zwei einander begegnende Autos, schlängelt sich das holprige Asphaltband durch traumhafte Täler mit großen Fincas und Landgütern, zwischen Olivenhainen und Obstgärten. Ringsum erheben sich besiedelte Hügel, kein Neubau, kein Verkehrslärm, nichts Häßliches stört die bukolische Landschaft.

Doch dann wird unser Sträßchen richtig steil. In Serpentinen windet sie sich auf einen Paß hinauf, von dem eine berauschende Aussicht sowohl auf *Artá* als auch auf die *Bucht von Alcúdia* besteht. Nun heißt es, nicht leichtsinnig zu sein – zur Ermita (285 Meter hoch gelegen) geht es auf der anderen Seite nämlich wieder ein paar hundert Meter zu Tale, in engen Serpentinen, die anschließend wieder mühsam erstrampelt werden wollen. Wer jetzt schon völlig außer Atem ist, sollte es bei der Aussicht belassen und einfach wieder nach *Artá* zurückrollen.

Die Ermita selbst ist eher idyllisch als kunsthistorisch sehenswert: Erst im 19. Jh. errichtet, schmiegt sie sich an den Hang, oberhalb einer kleinen Grotte mit Quelle und Madonnenfigur (Hinweisschild: »Fuente«, nur zu Fuß!). Von der Einsiedelei selbst kann nur die Kapelle besichtigt werden (schön der Altar und die Deckenfresken). Danach geht es auf gleichem, bis zum Paß anstrengendem Wege zurück.

 Anfahrt zum Ausgangsort
Bis zu viermal täglich von Palma nach Cala Rajada

 Rückfahrt zum Zielpunkt
Siehe Anfahrt.

Radverleih
Cala Rajada: Avinguda Cala Agulla 116, ✆ 56 36 01, Avinguda Cala Agulla 87, ✆ 56 41 75

Übernachtungen unterwegs
Dutzende Hotels in *Cala Rajada*, z.B. an der Cala Agulla (span.: Guya): Hotel Bella Playa (April – Okt., Avinguda de la Agulla, 125, ✆ 56 30 50). Hotel Es Vinyet (April – Okt., C/. Mateo y Catalina, 1, ✆ 56 55 51). An der *Platja Son Moll*: Hotel Serrano (ganzjährig, ✆ 56 33 50).
Bei Benutzung der Variante: Camping: Club San Pedro, Cala des Camps, Colònia de Sant Pere, ✆ 58 90 23 (April – Sept.). Keine Hotels in Artá

Einkehrmöglichkeiten
Unzählige Restaurants in *Cala Rajada* (empfehlenswert: Acuarium, beim Hafen), *Son Moll* (besonders zu empfehlen: Restaurante Ca'n Pere, Avda. América 34 – an der Uferpromenade, das einzige zwischen Straße und Meer).In *Artá* das Restaurant Can Faro (Calle Mestral 4, zwischen Bahnhof und Rathaus, tgl. außer Fr abends und Sa mittags)

Öffnungszeiten
Capdepera: Castell im Sommer tgl. 10 –13 u. 16 –19 Uhr, im Winter 10 –13 u. 15 –17 Uhr
Artá: Castell tgl. 10 –18 Uhr, Museum C/. Rafael Blanes 8, Mo – Fr 10 –12 Uhr, Ses Paises immer zugänglich

Auskunft
Oficina de Información Turística, Cala Rajada, Plaça dels Pins (Pavillon in der Platzmitte), ✆ 56 30 33 (Mo – Fr 11 –13.30 und 16 –19 Uhr)

Karte
Falk-Plan Mallorca

 Variante
Wem die Überquerung der Serra de Artá eigentlich schon zuviel war, der muß nicht auf demselben Wege wieder zurück – über Schotterstraßen (Voraussetzung: Mountainbike) geht es direkt zum Meer hinunter, nach *Colònia de Sant Pere* (8 km länger)

5 Von Portocristo zu den Coves d'Artá

Über heiße Straßen von Tropfsteinhöhle zu Tropfsteinhöhle

 Ausgangsort
Portocristo

 Zielpunkt und Rückfahrt
Portocristo

 Gesamttourenlänge
56 km

 Durchschnittlicher Zeitbedarf
5 Std.

 Etappen
Portocristo – Cala Millor 10 km – Platja de Canyamel 17 km – Coves d'Artá 1 km – Platja de Canyamel 1 km – Cala Millor 17 km – Portocristo 10 km

 Steigungen und Gefälle
80 Höhenmeter

 Struktur des Geländes
Leicht gewellte, erst bei den Höhlen felsige Buchtenlandschaft. Fast durchgehend nur sanfte Steigungen und Gefälle.

 Sehenswertes am Weg
Portocristo: *Coves del Drach* (Drachenhöhle). Araberfestung *Torre de Canyamel*. Tierpark *Reserva Africana*. *Coves d'Arta* (Höhlen von Artá)

 Wegmarkierungen
Straßenwegweiser

 Günstigste Jahreszeit
Ganzjährig

 Besondere Ausrüstung
Sonnenschutz (kaum bewaldete Strecke)

 Empfehlenswerter Radtyp
Jeder

Allein der Vorplatz der Höhlen von Artá ist wegen der Aussicht und seiner malerischen Lage eine Radtour wert.

heute noch nicht nur Sportyachten, sondern auch noch Fischerboote. Touristische Attraktion des Ortes sind natürlich die **Coves del Drach** (Drachenhöhle), eine riesige Tropfsteinhöhle mit einem der größten unterirdischen Seen der Erde. Diesem Stück Natur wurde von den Mallorquinern durch Lichteffekte, Touristenboote und eine deftige musikalische Untermalung ein wenig nachgeholfen. Von Portocristo fahren wir die Stichstraße zur Ostküstenuferstraße, auf der dann nördlich Richtung **Cala Millor**, zur größten und wohl auch schaurigsten Touristenhochburg der Ostküste. Die Strecke ist leider viel befahren, bietet jedoch die einzige durchgehende Verbindung entlang dieser Küste – die einzelnen Orte und Urbanisationen sind meist nur über Stichstraßen zu erreichen.
Links an der Straße liegt der **Safaripark Reserva Africana:** allerlei wildes und halbwildes Getier, das aus dem sicheren Automobil zu bestaunen ist. Radfahrer

Portocristo mit seinem wunderbaren Naturhafenbecken ist einer der ältesten Hafenorte Mallorcas. Hier gibt es auch

Von Portocristo zu den Coves d'Artá — 5

müssen dort drinnen auf offene Tourbusse umsteigen.
Wir folgen der Küstenstraße Richtung *Cala Rajada* – in sanftem Auf und Ab entlang des dichtbesiedelten Hügellandes. Nach einer weitläufigen Kuppe biegen wir rechts nach **Platja de Canyamel** ab. Geradeaus thront hier die *Torre de Canyamel*, ein imposanter arabischer Wehrturm, in dessen Schatten sich ein Restaurant und ein paar Andenken-

läden breitgemacht haben. Wir biegen aber kurz vor dem Turm links zu den **Coves d'Artá** (Beschilderung) ab. Auf den letzten paar Kilometern ist die Straße in den engen Raum zwischen Felswand und Meer gequetscht und bietet herrliche Aussichten auf die Küste.
An den Höhlen selbst ist schon der Eingang sehenswert: Eine Terrasse hoch über dem Meer, felsüberhangen, mit einer großen Freitreppe hinauf zum

5 Von Portocristo zu den Coves d'Artá

Portocristo mit seinem gut windgeschützten Naturhafen gilt als einer der elegantesten Ankerplätze der Ostküste.

Höhlenschlund. Die Höhle selbst ist zwar nicht sehr groß (nur 450 Meter Ganglänge), aber trotzdem sehr eindrucksvoll: Gleich im ersten Saal hängen rußgeschwärzte Stalaktiten von der Decke – dieser Teil wurde lange Zeit als Wohnstätte benutzt. Im nächsten Saal steht »La Reina de las Columnas«, die Königin der Säulen, ein 20 Meter hoher und wohl rund 200 000 Jahre alter Pfeiler, Resultat eines lehrbuchmäßigen Zusammenwuchses von Stalagmit und Stalaktit (ersterer wächst vom Boden nach oben, letzterer von der Decke der Höhle nach unten). Die Höhle ist ein großes Erlebnis für die Kleinen: Auch hier haben die Mallorquiner mit diversen Lichtspielen und Orgelmusik der Eindrücklichkeit des Naturschauspieles noch ein wenig unter die Arme gegriffen.

Nach der Höhlenbesichtigung empfiehlt sich eine Ruhepause an der nahen **Platja de Canyamel** (die Höhlenzufahrtsstraße ein paar hundert Meter zurück, dann nach links dem Schild folgen). Von dort vorbei am Torre de Canyamel auf die Küstenstraße und auf dieser dann zurück nach *Portocristo*.

6 Von Cala d'Or zum Castell de Santueri

Auf dem Rad eine Araberburg erobern

 Anfahrt zum Ausgangsort
Busse von Palma, Artá und Manacor

 Rückfahrt zum Zielpunkt
Siehe Anfahrt

 Radverleih
In *Portocristo* an der Strandpromenade

 Übernachtungen unterwegs
Portocristo: Hotel Castell dels Hams*** (April – Okt., Carretera Manacor-Portocristo s/n, ✆ 82 00 07), Hotel Drach** (April – Okt., Carretera Coves s/n, ✆ 8 20 81 89). *Cala Millor*: Playa de Moro***(ganzjährig, Alondra 2, ✆ 58 54 51/11), Hostal Naval* (April – Okt., Son Corp 29, ✆ 58 56 19). *Platja de Canyamel*: Hotel Laguna* (Mai – Okt., direkt am Strand, ✆ 56 34 00)

 Einkehrmöglichkeiten
In *Portocristo* Restaurant im Club Náutico (✆ 82 08 80),

 Öffnungszeiten
Portocristo – Coves del Drach (Drachenhöhle, Portocristo): April – Okt. tgl. 10 – 17 Uhr, Führung jede volle Std., Nov – März Führungen 10.45, 12, 14 u. 15.30 Uhr, Konzert.
Reserva Africana (an der Straße Cala Millor-Portocristo): Tgl. 9 – 18, im Winter bis 17 Uhr, ✆ 81 09 09
Platja de Canyamel: Coves d'Artá – Sommer tgl. 10 – 19, Winter 10 – 17 Uhr. ✆ 56 32 93. Eintritt 900 Pts, Führungen alle 30 Min. (Dauer 35 – 40 Min.)

 Auskunft
Portocristo: Oficina Municipal de Turismo, Gual 31, ✆ 82 09 31.
Cala Millor: Oficinas Municipal, Calle Fetjet 4, ✆ 58 58 64, Parque del Mar 2, ✆ 58 54 09

 Karte
Falk-Plan Mallorca

 Variante
Auf dem Hinweg gleich hinter *Portocristo* von der vielbefahrenen Ostküstenstraße links nach *Son Carrio*, bei diesem Gutshof links, dann die erste Möglichkeit rechts nach *Sant Llorenç d'es Cardassar*, einem idyllischen Landstädtchen, wo von Tourismus und Bettenburgen nichts zu spüren ist.

 Ausgangsort
Cala d'Or

 Zielpunkt und Rückfahrt
Cala d'Or

 Gesamttourenlänge
52 km

 Durchschnittlicher Zeitbedarf
8 Std.

 Etappen
Cala d'Or – Calonge 5 km – Can Roig – 7 km – Castell de Santueri 7 km – Felanitx 8 km – Portocolom 13 km – Cala d'Or 12 km

 Steigungen und Gefälle
890 Höhenmeter

 Struktur des Geländes
Hügelland hinter Cala d'Or, Gärten und Felder. Zum Santueri hinauf steiles, dichtbewachsenes Terrain

 Sehenswertes am Weg
Maurenfestung *Castell de Santueri*. Altstadt *Felanitx* mit der *Pfarrkirche Sant Miquel* und *Kalvarienberg*. Portocolom: alter *Fischereihafen* und *Sandsteinkirche Sant Jaume*

 Wegmarkierungen
Straßenwegweiser

 Günstigste Jahreszeit
Oktober – Mai

 Besondere Ausrüstung
Trinkwasser (keine Einkehrmöglichkeiten an der direkten Zufahrtsstraße und oben auf dem Castell)

 Empfehlenswerter Radtyp
Tourenrad mit mindestens 10 Gängen (sonst muß geschoben werden)

6 Von Cala d'Or zum Castell de Santueri

Der Berg des Castell de Santueri ist von seiner Ostseite her schroff und unzugänglich.

Von *Cala d'Or* fahren wir ins Hinterland nach *Calonge*, einem leider durch die Hauptstraße verkehrsdurchbrausten Städtchen. Von Calonge folgen wir der Straße nach Felanitx – bis zu einer Abzweigung kurz vor der Stadt (Beschilderung »Castell de Santueri«). Wir sind von Oliven- und Mandelhainen umgeben, zwischen den Bäumen weiden Schafe und Hühner. Die Landidylle ist perfekt.

An einer Weggabelung halten wir uns links – und folgen dem engen Sträßchen im Zweifelsfalle immer bergan. Wir sind immer noch im Kulturland: große Fincas links und rechts, einige davon neu gebaut. Die steile Straße windet sich in mehreren Serpentinen zum *Castell de Santueri* hinauf. Die Burg selbst und der Blick von dort oben entschädigen in jedem Falle für alle Strapazen: Die ehemals maurische Festung, die früh zerstört und

6 Von Cala d'Or zum Castell de Santueri

Das Castell de Santueri hielt nicht allen Stürmen statt, doch die heutige Anlage geht immerhin auf das 14. Jahrhundert zurück.

6 Von Cala d'Or zum Castell de Santueri

im 14. Jahrhundert zur Sicherung der flachen Küstenlandschaft wieder aufgebaut wurde, ist ein Rittertraum mit vielen begehbaren Mauern, Zinnen und Höfen. Bei klarem Wetter reicht der Blick nicht nur über die ganze Ostküste, sondern bis zu den Nachbarinseln Menorca (im Norden) und Ibiza (im Süden).
Die 6 km bis **Felanitx** sind nun im Nu hinuntergerollt.
Dort ist (für noch nicht ganz Müde) die »Besteigung« des nur knapp 100 Meter hohen *Kalvarienberges* zu empfehlen, oder ein Spaziergang durch die malerische *Altstadt* (zahlreiche Restaurants, Bars etc.). Sehenswert ist auch die *Pfarrkirche Sant Miquel* (von 1248, im Jahre 1762 heftig umgebaut).
Von Felanitx geht es wieder durch die Hügel der *Serra de Llevant* geradeaus nach **Portocolom**, einem kleinen Hafenort mit Seeräuberturm, Leuchtturm und dem *Sandsteinkirchlein Sant Jaume* – nicht zu vergessen freilich die feinsandigen, kleinen Strände des Ortes. Von dort über die Uferstraße zurück nach *Cala d'Or*.

A Anfahrt zum Ausgangsort
Mit dem Bus von Palma nach Felanitx, von dort weiter nach Cala d'Or. Außerdem viele Busverbindungen auf der östlichen Küstenstraße mit Halt in Cala d'Or

R Rückfahrt zum Zielpunkt
Siehe Anfahrt

Radverleih
Cala d'Or: Calle Sementi des Forti 2, ✆ 65 71 20

Übernachtungen unterwegs
Cala d'Or: Hotel Rocador*** (April – Okt., Marqués Comillas 3, ✆ 65 70 76), Hotel Tamarix** (April – Okt., Cala Serna, ✆ 56 78 51, Hostal Neptuno D'Or*, ganzjährig, Bulevar 19, ✆ 65 70 84)
Felanitx: Sa Posada d'Aumallia**** (ganzjährig, herrliches Landgut mit Pool, Tennis, Reitmöglichkeit, nicht ganz billig. Camino Son Prohens, ✆ 58 26 57)
Portocolom: Hotel Cala Marsal*** (April – Nov., Playa Cala Marsal, ✆ 82 52 25)

Einkehrmöglichkeiten
Keine auf der Burg. *Felanitx*: Restaurant Vistahermosa (Carretera Felanitx-Portocolom, km 6, ✆ 82 49 60, Ende Nov. bis Ende März geschl.)
Portocolom: Molí d'en Sopa (mallorquinische Küche, Fischgerichte. Carretera Manacor-Portocristo, ✆ 55 01 93, 1. Jan.-Hälfte geschl.), Sa Sinia (Fisch, C/. Pescadores s/n, beim Hafen, neben dem Club Nautico, ✆ 57 53 23, Mo Ruhetag, mittags geschl.)

Öffnungszeiten
Castell de Santueri: tgl. 9 – 19 Uhr (Schlüssel im Winterhalbjahr im Gutshof Sa Possecó am Beginn der Auffahrtsstraße)

Auskunft
Oficina Municipal de Turismo, Avinguda Cal Llonga, Cala d'Or, ✆ 65 74 63

Karte
Falk-Plan Mallorca

Variante
Diese Tour läßt sich sehr gut mit der *Route 7* verbinden – nach dem anstrengenden Ausflug zum Castell gemütliches Abklappern der schönsten Buchten der Südostküste...

7 Die Ostküsten-buchten-Tour

Von einer Traumbucht in die andere...

 Ausgangsort
Cala d'Or

 Zielpunkt und Rückfahrt
Cala d'Or

 Gesamttourenlänge
42 km

 Durchschnittlicher Zeitbedarf
5 Std.

 Etappen
Cala d'Or – Portopetro 4 km – Cala Mondragó 4 km – Santanyi 5 km – Cala Figuera 5 km – Cala Santanyi 2 km – Cala de Sa Comuna 1 km – Cala Santanyi 1 km – Cala Figuera 2 km – Santanyi 5 km – Cala Mondragó 5 km – Portopetro 4 km – Cala d'Or 4 km

 Steigungen und Gefälle
100 Höhenmeter

 Struktur des Geländes
Hügelige Garten-, Felder- und Ferienhauslandschaft. Buchten, in den Fels eingeschnitten, mit Sandstränden

 Sehenswertes am Weg
Santanyi: Altstadt, Pfarrkirche *Sant Andrés Apóstol* mit einer Orgel von Jordi Bosch, Pfarrhaus, Stadttor *Porta Murada*

 Wegmarkierungen
Straßenschilder

 Günstigste Jahreszeit
Ganzjährig

Besondere Ausrüstung
Badezeug

Empfehlenswerter Radtyp
Jeder

Wir beginnen unsere gemütliche Küstentour in der Touristenmetropole **Cala d'Or**. Von dort führt eine direkte Straße nach **Portopetro**. Das Becken dieses Naturhafens ist rundum mit einer Mole befestigt und so perfekt durch die umliegenden Hügel geschützt, daß man es für eine künstliche Anlage halten könnte oder für einen abgeschlossenen Teich, denn es ist nirgends eine Ausfahrt ins offene Meer zu sehen.

Wir folgen dem Hafenbecken Richtung Süden, bis an dessen Ende die Straße zur *Cala Mondragó* abgeht. Die lassen wir rechts liegen und radeln auf einer asphaltieren Straße in Richtung Meer, die allerdings bald in einem sanften Bogen gegen Süden schwenkt. Dies ist das eine der typischen Urbanisationsstraßen, die in Schleifen zum Meer hin- und alsbald wieder davon wegführen, weil sie eigentlich kein Ziel haben, sondern lediglich möglichst viel Landschaft für den Hausbau erschließen sollen. Vor dieser Kurve geht links eine kleine Stichstraße ab: Ein lohnender kleiner Umweg von einem Kilometer in beiden Richtungen bringt uns zur **Punta de sa Torre**, einer schroffen Landzunge, von der man einen hervorragenden Blick auf die Bucht von *Portopetro* genießen kann.

Wir folgen danach weiter der Urbanisationsstraße – links und rechts lockere Bebauung mit Ferienhäusern – bis zur **Cala Mondragó**. Diese Bucht gehört sicherlich zu den schönsten Buchten der Ostküste: Zwei fjordähnlich ins Land führende Einschnitte, an deren Enden feiner Sandstrand. Die beiden Hälften der Doppelbucht sind duch einen gemauerten Fußweg über die niedrigen Klippen verbunden, den wir (wegen der vielen Passanten das Rad schiebend) benutzen, um in die südlichere Hälfte der Bucht zu gelangen. Die Cala Mondragó steht seit 1990 unter Naturschutz und wird daher wohl auch bis auf weiteres unverbaut bleiben.

37

7 Die Ostküstenbuchten-Tour

Die steinigen und doch meist windgeschützten Buchten der Ostküste wie hier die Cala Mondragó sind für ihr kristallklares, türkisschimmerndes Wasser bekannt.

Die Ostküstenbuchten-Tour 7

Nicht nur die Cala Mondragó lädt ruhebedürftige Radfahrer zum Baden in den klaren wie erfrischenden Fluten ein.

Wir überqueren den Sandstrand, immer noch schiebend, und hieven die Räder über die kurze schattige Treppe auf der anderen Seite der Bucht hinauf. So geraten wir auf eine schnurgerade, asphaltierte Straße, die während der Badesaison rege frequentiert ist und sonst einsam und verlassen daliegt. Ihr folgen wir bis **Santanyi**, einem regen Städtchen, in dem vor allem die *Altstadt*, die Pfarrkirche *Sant Andrés Apóstol* mit einer Orgel von Jordi Bosch, das Pfarrhaus und das die Haupt-

7 Die Ostküstenbuchten-Tour

straße dominierende Stadttor **Porta Murada** sehenswert sind.

Von dort führt eine direkte Straße zur **Cala Figuera**, einer traumhaften Bucht, deren gleichnamiger Fischerort der ursprünglichste Mallorcas ist: Hier kann man noch den Fischern beim Anlanden ihres Fanges, bei der Pflege der Netze und der Wartung ihrer Boote zusehen. Großhotels gibt es hier keine, dafür eine stattliche Anzahl kleiner Pensionen sowie gemütlicher Restaurants und Bars. Zurück auf gleichem Wege.

Anfahrt zum Ausgangsort
Mit dem Bus von Palma nach Felanitx, von dort weiter nach Cala d'Or. Außerdem viele Busverbindungen auf der östlichen Küstenstraße mit Halt in Cala d'Or.

Rückfahrt zum Zielpunkt
Siehe Anfahrt

Radverleih
Cala d'Or: Calle Sementi des Forti 2, ✆ 65 71 20

Übernachtungen unterwegs
Cala d'Or: Rocador*** (April – Okt., Marqués Comillas 3, ✆ 65 70 76), Hotel Tamarix** (April – Okt., Calle Serna, ✆ 56 78 51, Hostal Neptuno D'Or*, ganzjährig, Bulevar 19, ✆ 65 70 84)
Felanitx: Sa Posada d'Aumallia**** (ganzjährig, herrliches Landgut mit Pool, Tennis, Reitmöglichkeit, nicht ganz billig. Camino Son Prohens, ✆ 58 26 57)
Portopetro: Portopetro* (April–Okt., Cristóbal Colón 18, ✆ 65 70 02, Hostal Nereida* (April – Okt., Patrons Martina 34, ✆ 65 72 23)
Cala Figuera: Cala Figuera** (Mai – Okt., Tomarinar 30, ✆ 64 52 51), Hostal Villa Sirena* (April – Okt., Cala Figuera, ✆ 65 31 41)
Cala Santanyi: Cala Santanyi** (April – Okt., Cala Santanyi s/n, ✆ 65 32 00)

Einkehrmöglichkeiten
Viele Restaurants in *Portopetro* (empfehlenswert Restaurante Maritimo am Hafen, Restaurante Portopetro und Restaurante La Caracola, ein Einheimischentreff). Imbißbude (Eis, Kaffee) an der Cala Mondragó. Viele Einkehrmöglichkeiten in *Cala Figuera* (z.B. Sa Pizzeria, italien., Calle Marina 11, oder Can Jordi, mallorquinisch, Virgen del Carmen)

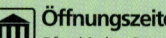 Öffnungszeiten
Pfarrkirche *Sant Andrés Apóstol* in *Santanyi* – Schlüssel liegt im Pfarrhaus (Casa de la Rectoría)

Auskunft
Oficina Municipal de Turismo, Avinguda Cal Llonga, Cala d'Or, ✆ 65 74 63

Karte
Falk-Plan Mallorca

Variante
Von der Cala Mondragó nicht direkt nach Santanyi weiter, sondern zuerst nach Alqueria Blanca (6 km), vorbei an dem mächtigen Renaissance-Wacht- und Verteidigungsturm *Torre d'en Tomoner*. Von dort ist es nur mehr ein Kilometer zu der Einsiedelei *Oratori de la Consolació*, einem 400 Jahre alten Gemäuer, der »Regenmacherin« Santa Escolástica geweiht. Das schmale Sträßchen nach Cas Concos, bei der Einmündung in die Straße C714 aber nicht dorthin, sondern links Richtung Santanyi – durch eine wahrhaft bukolische Landschaft. Ab Santanyi sind Sie wieder auf der Haupt-route (Länge des Umweges: 15 km).

8 Zwischen Windmühlen und Salzbecken

Rund um die Salines de Llevant

 Ausgangsort
Colònia de Sant Jordi

 Zielpunkt und Rückfahrt
Colònia de Sant Jordi

 Gesamttourenlänge
37 km

 Durchschnittlicher Zeitbedarf
3 Std.

 Etappen
Colònia de Sant Jordi – Campos 14 km – Sa Ràpita 13 km – Ses Covetes 6 km – Colònia de Sant Jordi 4 km

 Steigungen und Gefälle
50 Höhenmeter

  Struktur des Geländes
Ebene mit Salzgärten, Wiesen, Windmühlen. Das flacheste Tourengebiet von allen, garantiert steigungsfrei

 Sehenswertes am Weg
Landwirtschaftsmetropole *Campos* mit Pfarrkirche *San Julián*, Windmühlen, Salzgärten

 Wegmarkierungen
Straßenbeschilderung

 Günstigste Jahreszeit
Ganzjährig

 Besondere Ausrüstung
Sonnen- und Mückenschutz (im Sommer)

 Empfehlenswerter Radtyp
Jeder

Wenn der Weg in den Dünen wie hier hinter der Platja d'es Trenc richtig sandig wird, hilft selbst geübten Radlern nur mehr Schieben.

Von *Colònia de Sant Jordi* führt eine direkte Straße nach *Campos del Port* – vorbei an den **Salines de Llevant**, den großen Salzgärten Mallorcas. Machen Sie beim Salinengebäude – die großen Salzberge glitzern schon aus der Ferne wie Kühle verheißende Schneehaufen – einen kleinen Abstecher nach links zu den Becken mit dem brackigen Salzwasser. Das Betreten der Salinen selbst ist verboten, doch von den kleinen Hügeln an deren Rande hat man einen guten Ausblick auf die Anlage – ein Revier Abertausender verschiedenster Vogelarten.

8 Zwischen Windmühlen und Salzbecken

Campos ist eine landwirtschaftliche Metropole – vormittags geschäftig, zwischen mittags und 5 Uhr nachmittags ausgestorben, abends noch mal ein wenig betriebsam. Werfen wir einen Blick in die Pfarrkirche *San Julián*, bevor wir die Straße nach Sa Ràpita nehmen – genauso wie die nach Campos links und rechts von Windmühlen und deren Resten gesäumt.

Sa Ràpita ist ein kleiner Ferienort mit angenehm niedrigen Häusern entlang der langgezogenen Uferstraße. Hier bestehen etliche Einkehrmöglichkeiten in mehr oder minder einfachen Fischrestaurants und Bars. Nach einer kurzen Runde durch den Ort fahren wir wieder in Richtung Campos, biegen aber nach einem km rechts ab und folgen in mehreren Abzweigungen dem Schild »Ses Covetes«.

Dieser Badeort ist noch leichter als Sa Ràpita zu überblicken: Ein Strand, dahinter eine Häuserreihe, eine Straße, noch eine Häuserreihe, Dünen. Wir fahren an einem kleinen Parkplatz vorbei, wo die Straße von Campos, die einzige Zufahrt nach **Ses Covetes**, einen Haken schlägt, dem in Richtung Meer gesehen linker Hand stehenden Wegweiser

Zwischen Windmühlen und Salzbecken | 8

Das Salzbecken der Salines de Llevant erstrecken sich kilometerweit zwischen Feldern und Sümpfen: ein Vogel- und leider auch Mückenparadies.

8 Zwischen Windmühlen und Salzbecken

»Platja-Strand-Beach« nach (ihm folgen auch die schwer beladenen Badegäste), vorbei an einer kleinen, neugebauten Feriensiedlung direkt auf die feinsandige **Platja d'es Trenc**: mit 3,5 km Länge und 60 m Breite der mit Abstand größte, unverbaute Naturstrand der Insel. Die sanft gebogene Bucht ist einmalig für Mallorca: Hinter dem sauberen Sand erstreckt sich nichts als hügelige Dünenlandschaft, die teilweise mit Kiefern bewachsen ist. Darüber ziehen Möwen ihre ungestörten Kreise. Die einzigen sichtbaren Bauwerke sind ein paar Betonbunker aus der Zeit des spanischen Diktators General Franco, deren Ausgucke von Kindern als Spielplätze genutzt werden, und wenige, in großen Abständen errichteten Strandbuden, von denen eine treffenderweise »L'ultimo paraiso« heißt: »Das letzte Paradies«. Lediglich am Horizont sind die Hochhäuser der Hotels in Colònia de Sant Jordi zu sehen. Zahlreiche Transparente, Aufschriften und Graffiti auf Häusern, Mauern und auf den Bunkern setzen sich für die Bewahrung des jetzigen Zustandes von *Es Trenc* und *Sa Ràpita* ein – ein Beleg dafür, daß es auch viele Einheimische Ernst meinen mit der Erhaltung eines der letzten unverbauten mallorquinischen Strände.

Jetzt gilt es, entweder die Räder über den Strand zu schieben oder es mit dem dahinterliegenden, allerdings ziemlich sandigen Weg zu versuchen – auf ihm werden selbst Mountainbiker nur unter größeren Anstrengungen vorankommen. So oder so – zurück zum Ausgangspunkt dieser Tour. Wer diese Anstrengung meiden will, fährt von *Ses Covetes* wieder landeinwärts, bei der ersten Möglichkeit rechts und so hinter den Salinen zur Straße Campos – Colònia, der man dann nach rechts zum Ausgangsort folgt.

Anfahrt zum Ausgangsort
Mit dem Bus von Palma, mehrmals tgl.

Rückfahrt zum Zielpunkt
Siehe Anfahrt

Radverleih
Mehrere Vermieter direkt an der Strandpromenade und am Camino del Molino

Übernachtungen unterwegs
Mehrere kleine Hotels in *Sa Ràpita* (etwa Hostal Bris, ✆ 64 02 47), keine Zimmer in *Ses Covetes*.
Leider viel zu viele Hotels in der Betonburgenansammlung *Colònia de Sant Jordi*, z.B.: Hotel Marques de Palmer*** (Mai – Okt., Platja d'es Trenc, ✆ 65 51 00). Hostal Colònial* (ganzjährig, Calle Gabriel Roca 13, ✆ 65 52 78)

Einkehrmöglichkeiten
Mehrere Strandbuden, teilweise mit Restaurantbetrieb (zum Beispiel »L'ultimo paraiso« »Das letzte Paradies« – stimmt in diesem Fall wirklich: Das Restaurant steht mitten im Naturschutzgebiet, an einem der letzten nicht verbauten flachen Sandstrände der Insel)
In *Colònia de Sant Jordi*: Lonja dels Pescado (Fische, am Hafen, im Winter Mo bis Do geschl.)

Öffnungszeiten
Campos: Pfarrkirche San Julián – Schlüssel im Pfarrhaus auf der anderen Straßenseite

Auskunft
Oficina Municipal de Turismo, Calle Doctor Barraquer 5, Colònia Sant Jordi, ✆ 65 54 37

Karte
Falk-Plan Mallorca

Variante
Von Colònia de Sant Jordi nicht gleich Richtung Campos, sondern zuerst ein wenig östlicher Richtung Ses Salines. Dann weiter in Richtung Santanyi, aber kurz nach dem Ortsausgang in den größten botanischen Garten Europas, den »Botanicactus«: u.a. Tausende von Kakteen (tgl. 9 – 17 Uhr). Zurück nach Ses Salines, im Ort rechts Richtung Campos, bei der nächsten großen Kreuzung wieder rechts auf die Hauptroute. (Länge des Umweges: 5,5 km)

9 Hinter den Hochhäusern von S'Arenal

Megalithsiedlungen, Windmühlen und unverbaute Küste

 Ausgangsort
S'Arenal

 Zielpunkt und Rückfahrt
S'Arenal

 Gesamttourenlänge
55 km

 Durchschnittlicher Zeitbedarf
4 Std.

 Etappen
S'Arenal – Cap Blanc 19 km – Capocorb Vell 6 km – Llucmajor 13 km – S'Aranjassa 12 km – S'Arenal 5 km

 Steigungen und Gefälle
100 Höhenmeter

 Struktur des Geländes
Ebene, leicht gewellt gegen die Küste. Felder, Wiesen, Windmühlen

 Sehenswertes am Weg
Capocorb Vell: Talaiot (Megalithsiedlung), *Llucmajor:* Denkmal für König Jaume III. (Ortsmitte), Grab König Jaumes III. (Pfarrkirche)

 Wegmarkierungen
Straßenwegweiser

 Günstigste Jahreszeit
Ganzjährig

 Besondere Ausrüstung
Badezeug

 Empfehlenswerter Radtyp
Jeder

Nicht weit hinter den Hotelburgen von S'Arenal träumt die Megalithsiedlung Capocorb Vell vor sich hin.

Es ist immer wieder erstaunlich, wie rasch und unvermittelt auf Mallorca Touristenhochburgen mit tiefster ländlicher Abgeschiedenheit abwechseln können. Die Probe aufs Exempel ist hier gut machbar: Mitten in **S'Arenal** starten wir auf irgendeiner der küstenparallelen Straßen südwärts, um so unvermeidlich auf die Hauptstraße nach **Cala Blava** zu stoßen. Nach der Erklimmung eines ersten Hügels sind die Hochhausschluchten der Badestadt hinter uns – und vor uns noch ein paar einzelne kleine Urbanisationen, ansonsten Olivenbäume und Kuhweiden.

9 Hinter den Hochhäusern von S'Arenal

Hinter *Cala Blava* (an dem wir landeinwärts vorbeifahren) sind schließlich nur mehr Gestrüpp, Weideland und Schafe zu sehen – nach einer halben Stunde Fahrtzeit aus S'Arenal. Die wenigen Urbanisationen an der Küste sind von der Straße aus überhaupt nicht zu sehen.

Am **Cap Blanc**, das ein paar hundert Meter rechts von der Route liegt, ist vom Leuchtturm nichts als Felsküste und Meer zu sehen – hier sind einfach keine Strände, also auch keine Touristen zu sehen. Wir fahren die Straße bis zum kleinen Ort **Capocorb Vell**, in dem wir

Hinter den Hochhäusern von S'Arenal 9

Die Bucht Cala Pí ist tief in die felsige Südküste eingeschnitten – hier badet man wie in einem stillen See.

den Schildern »**Talaiot**« nach rechts folgen – zu einer der am besten erhaltenen Megalithsiedlungen Mallorcas, wo noch Reste von Wohnhäusern, Wachttürmen und anderen Mauern sowie einiges an Werkzeugen zu bestaunen sind.

Nach der kurzen Besichtigung fahren wir zurück an die Straße nach **Llucmajor**, der kleinen Landwirtschaftsmetropole des Südens. Sehenswert sind hier das *Denkmal für König Jaume III.* (Ortsmitte) sowie das *Grab König Jaumes III.* (in der Pfarrkirche) – in der Schlacht vor Llucmajor verlor das Königreich Mallorca unter Jaume III. seine Unabhängigkeit gegen die Heere des aragonischen Königs Pedro IV. (am 25.10. 1349).

Von hier an unternehmen wir alles, um die stark frequentierten Hauptstraßen zu meiden – wir fahren auf der C717 Richtung Palma und biegen bei dem Winzlingsort *S'Aranjassa* links auf eine kleine Zufahrtsstraße nach *S'Arenal* ab.

10 Eine Runde hinter der Bucht von Palma

Durch das Land der Windmühlen

 Anfahrt zum Ausgangsort
Stadtbusse von Palma nach S'Arenal, Überlandbusse von vielen Orten Mallorcas, oder über Palma/Stadtbus (Abfahrt an der Kathedrale, Avinguda Antonio Maura)

 Rückfahrt zum Zielpunkt
Siehe Anfahrt

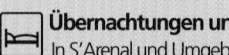 **Radverleih**
Unzählige Möglichkeiten in S'Arenal

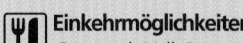 **Übernachtungen unterwegs**
In S'Arenal und Umgebung gibt es eigentlich nichts als Hotels – davon allerdings mehr als genug. Buchen Sie am besten schon zu Hause im Reisebüro, Sie fahren damit wesentlich günstiger!

 Einkehrmöglichkeiten
Capocorb Vell: Restaurant vor der Einmündung der Straße zu den Ruinen in die Straße Cap Blanc – Ses Salines (mallorquinische Hausmannskost, tgl. ab 9.30 Uhr) sowie Bar direkt an der Ausgrabung.
Llucmajor: Can Tiá Taleca (mallorquinische Küche, C/. Campos, s/n, tgl. außer Mi, ✆ 66 02 79)

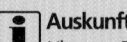 **Öffnungszeiten**
Talaiot Capocorb Vell: Tgl. (außer Do) 10–18 Uhr

 Auskunft
Ultramar, Riu-Centre, S'Arenal, ✆ 26 65 04, 26 65 08

Karte
Falk-Plan Mallorca

Variante
Wer in diese Tour einen schönen Badeausflug einbauen will, fährt auf der Rückfahrt vom Cap Blanc noch vor Capocorb Vell nicht links zur Ausgrabung, sondern geradeaus, dann, der Straße folgend, rechts den Schildern »Cala Pí« nach. Dort befindet sich noch vor dem Ort eine tief ins Inselinnere eingeschnittene, windstille Bucht, eine der schönsten Mallorcas. Nach dem Bad können Sie zum Leuchtturm an der nördlichen oder zum Piratenturm an der südlichen die Bucht begrenzenden Landspitze radeln (Länge der Erweiterung: 8 km).

 Ausgangsort
S'Arenal

 Zielpunkt und Rückfahrt
S'Arenal

 Gesamttourenlänge
65 km

 Durchschnittlicher Zeitbedarf
5 ½ Std.

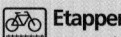 **Etappen**
S'Arenal – Can Pastilla 7 km – Coll d'en Rabassa 3 km – Son Ferriol 8 km – Abzweig Santa Eugènia 12 km – Algaida 9 km – Llucmajor 9 km – S'Aranjassa 12 km – S'Arenal 5 km

 Steigungen und Gefälle
50 Höhenmeter

 Struktur des Geländes
Ebene hinter S'Arenal, sehr leicht gewelltes Hügelland um Santa Eugènia

 Sehenswertes am Weg
Algaida: Gotische Kirche Sant Pere i Sant Pau (1404), Glaskunstmuseum Collecció de Vidre Can Gordiola, Parc Prehistoric (an der C715 Richtung Palma)
Llucmajor: Denkmal für König Jaume III. (Ortsmitte), Grab König Jaumes III. (Pfarrkirche)

 Wegmarkierungen
Straßenwegweiser

 Günstigste Jahreszeit
September–Juni

 Besondere Ausrüstung
Sonnenschutz

Empfehlenswerter Radtyp
Jeder

Diese Tour macht die Gegensätze auf Mallorca besonders kraß deutlich: Von *S'Arenal* direkt hinter dem Strand an

Eine Runde hinter der Bucht von Palma — 10

Die Ebene hinter S'Arenal steht voller Windmühlen, von denen die meisten leider mehr oder weniger verfallen sind.

der Uferpromenade nördlich, durch die Urlaubergrills *Ses Maravelles, Can Pastilla* und *Coll d'en Rabassa*. Dort mitten im Ort rechts nach *Son Ferriol* – hier sind zwar keine Urlauber mehr, doch die sieht man dafür rechts am Himmel im 30-Sekunden-Takt einschweben, zum Flughafen *Son Sant Joan*, während der Ferienzeit der frequentierteste Airport Europas.

An der zweiten Kreuzung folgen wir dem Schild »Sinéu« nach rechts, in leichtem Anstieg über zutiefst ländliches Terrain. Windmühlen beiderseits der Straße sind meist nur mehr traurige Reste ihrer einst stolzen Gestalt. Nach knapp 15 km biegen wir rechts nach **Algaida** ab, wo wir die *gotische Kirche Sant Pere i Sant Pau* (1404), das *Glaskunstmuseum Collecció de Vidre Can*

10 Eine Runde hinter der Bucht von Palma

Gordiola, das aber eigentlich eine Glasverkaufsausstellung ist, und den etwas schrägen *Parc Prehistoric* (an der C715 Richtung Palma), eine Art historisches Disneyland, besuchen können.
Nach einer Fahrt durch leicht gewelltes Land – zur Linken der Tafelberg **Puig de Randa** mit den drei Klöstern *Nostra Senyora de Cura*, einer Einsiedelei aus dem 14. Jh., dem *Santuari de Sant Honorat* (14. Jh.) und dem *Santuari de Nostra Senyora de Gràcia* (15. Jh.) mit einem weiten Blick vom Vorplatz der Einsiedelei – erreichen wir **Llucmajor**, die kleine Landwirtschaftsmetropole des Südens. Sehenswert sind hier das *Denkmal für König Jaume III.* (Ortsmitte) sowie das *Grab König Jaumes III.* (in der Pfarrkirche). In der Schlacht vor Llucmajor verlor das Königreich Mallorca

Eine Runde hinter der Bucht von Palma 10

Die Landschaft hinter S'Arenal ist größtenteils flach wie ein Brett – hier kommen auch ungeübte Fahrer rasch voran.

Anfahrt zum Ausgangsort
Stadtbusse von Palma nach S'Arenal, Überlandbusse von vielen Orten Mallorcas, oder über Palma/Stadtbus (Abfahrt an der Kathedrale, Avinguda Antonio Maura)

Rückfahrt zum Zielpunkt
Siehe Anfahrt

Radverleih
Unzählige Möglichkeiten in S'Arenal

Übernachtungen unterwegs
In S'Arenal und Umgebung gibt es eigentlich nichts als Hotels – davon allerdings mehr als genug. Buchen Sie am besten schon zu Hause im Reisebüro, Sie fahren damit wesentlich günstiger!

Einkehrmöglichkeiten
Algaida: Can Mateu (Spanferkelessen, hauseigener Pool (Carretera Palma-Manacor, tgl. außer Di), Els 4 Vents (gehobene mallorquinische Küche, viele Einheimische. Carretera Palma-Manacor, tgl. außer Do)
Llucmajor: Can Tiá Taleca (mallorquinische Küche, C/. Campos, s/n, tgl. außer Mi, ✆ 66 02 79)

Öffnungszeiten
Algaida: Glaskunstmuseum Col·lecció de Vidre Can Gordiola – Carretera Palma-Manacor, tgl. außer So 9–14 u. 15–19.30 Uhr), ✆ 66 50 46

Auskunft
Ultramar, Riu-Centre, S'Arenal, ✆ 26 65 04, 26 65 08

Karte
Falk-Plan Mallorca

Variante
An der Abzweigung nach *Santa Eugènia* fahren wir nicht geradeaus, sondern biegen links eben dorthin ab. In der netten Kleinstadt mit ihren engen Gäßchen halten wir uns links, um auf der Hauptstraße Richtung Santa Maria del Camí zu fahren. 2 km nach der Ortschaft biegen wir links zum Weiler Ses Coves ab. *Ses Coves* heißt »Die Höhlen«, und der kleine verträumte Ort mit den alten Steinhäusern macht seinem Namen alle Ehre: Die Felswand neben der Ansiedlung ist durchlöchert wie ein Schweizer Käse – hier hatten sich einst die arabischen Bewohner aus Schutz vor Feinden eingenistet. Davor sollen hier sogar Piraten gehaust haben (Länge des Umweges: 9 km).

unter Jaume III. seine Unabhängigkeit gegen die Heere des aragonischen Königs Pedro IV. (25.10.1349).
Von hier an unternehmen wir alles, um die stark frequentierten Hauptstraßen zu meiden – wir fahren auf der C717 Richtung Palma und biegen bei dem Winzlingsort S'Aranjassa links auf eine kleine Zufahrtsstraße nach S'Arenal ab. Vor der bedrohlichen Hochhausfront queren wir die Autobahn nach Palma und achten darauf, in der Fortsetzung nicht Richtung Süden, nach Cap Blanc, zu geraten, sondern immer geradewegs auf die Küste zu zu steuern.
Jetzt hat uns die »Großstadt« wieder – zumindest, wenn wir zwischen Ostern und Spätherbst unterwegs sind. Sonst ist es selbst hier ziemlich ruhig – außer an den sonnigen Wochenenden, wenn die Einwohner Palmas zu Strandspaziergängen an »ihre« Bucht kommen.

11 Entlang der Bucht von Palma

Auf den schönsten Promenaden Mallorcas

Ausgangsort
S'Arenal

Zielpunkt und Rückfahrt
S'Arenal

Gesamttourenlänge
66 km

Durchschnittlicher Zeitbedarf
5 Std. (mit Besichtigungen: 9 Std.)

Etappen
S'Arenal – Can Pastilla 7 km – Palma/Kathedrale 9 km – Palma/El Terreno 3 km – Magaluf 12 km – Cap des Falco 2 km – Magaluf 2 km – Palma/El Terreno 12 km – Palma/Kathedrale 3 km – Can Pastilla 9 km – S'Arenal 7 km

Steigungen und Gefälle
80 Höhenmeter

Struktur des Geländes
Ebene Uferpromenade, nur zum Cap ganz am Ende leichter Anstieg

Sehenswertes am Weg
Palma: Gotische *Kathedrale*, *Castell de Bellver*, die trutzige, 1309 vollendete Königsburg König Jaumes II., *Kloster San Francisco* mit seinem gotischen Kreuzgang, *Miró-Museum* und *Museo de Mallorca*, in dem Gegenstände aus allen Jahrtausenden menschlicher Siedlungstätigkeit auf Mallorca zu sehen sind

Wegmarkierungen
Straßenwegweiser

Günstigste Jahreszeit
Ganzjährig

Besondere Ausrüstung
Keine

Empfehlenswerter Radtyp
Jeder

Von **S'Arenal** geht es direkt an der Strandpromenade immer nördlich, Richtung Palma. Vorbei an den Touristenhochburgen *Ses Maravelles, Can Pastilla* und *Coll d'en Rabassa* nähern wir uns der »Ciutat«, der »Stadt«, wie die Mallorquiner ihre Hauptstadt nennen. Zwischen den einzelnen Orten ist – mit Ausnahme des Strandes natürlich, der sich feinsandig-gleichförmig bis vor die Stadt zieht – keine Landschaft mehr auszumachen; die Bucht von Palma ist fast schon als Ballungsgebiet zu bezeichnen. In der Stadt verläuft ein extra bezeichneter Radweg links vom *Passeig Maritim*, der großen Uferpromenade und -straße, und das ist gut so, denn der tosende Verkehr auf der in jeder Richtung dreispurigen Straße würde den Radfahrern sonst nicht viel Raum lassen. Nach der von rechts kommenden Einmündung des Boulevardringes um die Innenstadt Palmas *(Avinguda Gabriel Aiomar)* verläuft rechter Hand hoch über der Straße der Rest der mittelalterlichen Stadtmauer, danach sehen wir hinter dem *Parc de la Mar*, einem ein wenig öde anmutenden Wasserbecken in einer terrassenförmigen Betonlandschaft, die **Kathedrale von Palma** hoch in den Himmel ragen: das trotz aller Hotelbauten und Appartementsblocks immer noch die gesamte Stadt dominierende Gebäude.

Vor der Kathedrale ist der Radweg fast waghalsig und auch ein wenig tropisch: Zwischen dem offenen Meer mit seinen gegen die Brandung aufgeschütteten Felsbrocken und den (mit den Rücken zum Meer aufgestellten) Sitzbänken schießen die Radler auf schmalem, rotem Asphaltstreifen dahin, unter den neben der Promenade gepflanzten Palmen. Linker Hand ist zuerst der Passagier-, dann der Yachthafen zu sehen.

Entlang der Bucht von Palma | 11

Vom Castell de Bellver hat man einen herrlichen Rundblick auf die Stadt, die in den letzten Jahrzehnten beträchtlich anwuchs – die Altstadt ist inmitten dem Meer von Neubauten kaum auszumachen.

11 Entlang der Bucht von Palma

Zwischen luxuriösen Segel- und Motoryachten und der Hotelmeile Palmas geht es nun westlich aus der Stadt hinaus, unterhalb des Hotel- und Vergnügungsviertels *El Terreno* durch die ebenfalls mit Palma zusammengewachsenen Ferienorte *Portals Nous* und *Palmanova*. Wir halten uns stets an die Küstenstraße C719. Die ist zwar stark befahren, doch der meiste Durchzugsverkehr wird von der weiter oben verlaufenden Autobahn nach Peguera aufgesogen.

In *Magaluf* halten wir uns immer südlich, auf der Hauptstraße entlang den Schildern »Cap des Falco«, bis die nun schon ziemlich schmale Straße im Pinienwald versandet. Wenn wir hier ein wenig auf eine der zahlreichen kleinen Klippen klettern, haben wir einen herrlichen Blick zurück auf die ganze Bucht von Palma. Rückfahrt auf derselben Route.

Anfahrt zum Ausgangsort
Stadtbusse von Palma nach S'Arenal, Überlandbusse von vielen Orten Mallorcas, oder über Palma/Stadtbus (Abfahrt an der Kathedrale, Avinguda Antonio Maura).

Rückfahrt zum Zielpunkt
Siehe Anfahrt

Radverleih
Unzählige Möglichkeiten in S'Arenal

Übernachtungen unterwegs
In S'Arenal und Umgebung gibt es mehr als genug Hotels.
Palma: Borne*** (in einem renovierten Renaissancepalast, Calle Sant Jaume 3, ✆ 71 29 42). Meliá Victoria***** (Meeresblick, Passeig Marítim/Avinguda Joan Miró 21, ✆ 73 25 42). San Lorenzo**** (kleines, edles Haus mitten in der Altstadt, Calle San Lorenzo 6, ✆ 72 82 00)

Einkehrmöglichkeiten
Palma: La Lubina (Fisch, Sommerterrasse am Hafen, Muelle Viejo, ✆ 72 33 50). Koldo Royo (Sa mittags u. So geschl., Nouvelle cuisine auf spanisch, Passeig Marítim 3, ✆ 73 24 35). El Parlament (So geschl., mallorquinische Küche auf höchstem Niveau, Calle Conquistador 11, ✆ 72 60 26)

Öffnungszeiten
Palma: Kathedrale (Domschatz): Plaça Palau Real, im Sommer Mo – Fr 10 – 17.30, Sa 10 – 14 Uhr, im Winter tgl. außer So 10 – 14 Uhr. *Castell de Bellver* (mit Museu Històric de la Ciutat): April – Sept. tgl. 8 – 20, Okt. – März tgl. 8 – 18 Uhr. *Kloster San Francisco:* Plaça San Francisco, Mo – Fr 9.30 – 13 u. 15 – 18.45, Sa 9.30 – 13 Uhr. *Miró-Museum:* C./ Saridakis 30/31, Di – Sa 11 – 18, So 11 – 14 Uhr. *Museo de Mallorca:* C./ La Portela 5, Di – Sa 10 – 14 u. 16 – 19, So 10 – 14 Uhr.

Auskunft
Informationsbüros des Fremdenverkehrsamtes: Avinguda Rey Jaime III 10, ✆ 71 22 16. Plaça d'Espanya, ✆ 71 15 27. C./ Santo Domingo, ✆ 72 40 90. Alle Mo – Fr 9 – 14.30 und 15 – 20, Sa 9 – 13.30 Uhr. Aeroporto Son Sant Juan (Flughafen Palma), ✆ 26 08 03

Karte
Firestone mapa turistico Mallorca. 1:125 000 (Stadtplan Palma auf der Rückseite), 655 Pts. An jedem Kiosk. Falkplan Mallorca, Palma de Mallorca, 800 Pts. (mit Sonderplan Innenstadt Palma)
Falk-Plan Mallorca (mit Stadtplan Palma). An vielen Kiosken (800 Pts.)

Variante
Bergauf zu Palmas Burg, dem *Bellver*: Über die Calle Drecera geht es zu einem Tor des Schloßparkes; von hier in weiten Serpentinen die geschwungene Fahrstraße hinaufradeln oder den als Radweg ausgewiesenen, asphaltierten, aber steilen Waldweg bezwingen – wenn Sie nicht lieber das Rad am Toreingang stehenlassen und über Stufen hinaufsteigen. Die Burg, die unter Jaume II. im Jahre 1309 fertiggestellt wurde, wechselte durch die unruhige Geschichte Mallorcas öfters ihre Besitzer und diente auch jahrhundertelang als finsterer Kerker. Heute ist im Untergeschoß das *Museu Històric de la Ciutat* untergebracht, das historische Museum der Stadt Palma (gleiche Öffnungszeiten wie die Burg). Länge des Umweges: 2 km, aber An- und Abstieg auf/von exakt 113 Metern.

12 Im bergigen Hinterland Palmas

Durch die Serra de Na Burguesa

Ausgangsort
Palmanova

Zielpunkt und Rückfahrt
Palmanova

Gesamttourenlänge
42 km

Durchschnittlicher Zeitbedarf
3½ Std.

Etappen
Palmanova – Calvià 6 km – Son Net 17 km – Capdellà 9 km – Calvià 4 km – Palma Nova 6 km

Steigungen und Gefälle
450 Höhenmeter

Struktur des Geländes
Waldiges Hügelland, teils enge Serpentinen, die gesamte Strecke kurvenreich

Sehenswertes am Weg
Pfarrkirche von *Capdellà* (Reliquien des römischen Märtyrers Sankt Urban im Hauptaltar)

Wegmarkierungen
Straßenwegweiser

Günstigste Jahreszeit
Ganzjährig

Besondere Ausrüstung
Trinkwasser (keine Einkehrmöglichkeiten außerhalb der Dörfer)

Empfehlenswerter Radtyp
Schaltung mit mindestens 5 Gängen

Auch Tagesausflügler aus Palma schätzen das hügelige Tourengelände rund um Calvià.

Von *Palmanova* radeln wir die erst ein wenig steil, dafür im Baumschatten ansteigende Straße nach **Calvià** hinauf. Nach Überquerung eines kleinen Passes sehen wir das Städtchen schon in einer weiten Senke vor uns liegen, hoch überragt von der klobigen Kirche (Frühgotik aus dem Jahre 1245, aber im 19. Jh. kräftig umgebaut). Calvià ist eine der reichsten Städte der Insel – hier werden die Einkünfte aus den Touristenhochburgen unten an der Küste verwaltet, hier oben haben wohlhabende Mallorquiner ihre Privatvillen errichtet.
In Calvià halten wir uns rechts und radeln die vielfach gewundene Nebenstraße nach Palma entlang – in einem schattigen Tal mit dichten Pinienwäldern

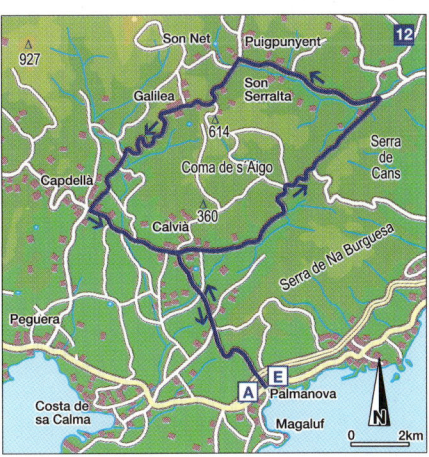

12 Im bergigen Hinterland Palmas

Die frühgotische Kirche von Calvià überragt das Städtchen schon aus der Ferne. Im Hintergrund der Gebirgszug Serra de Tramuntana.

und wenig Bebauung. Bei der ersten Abzweigung geht es links nach *Son Net*, dort links nach **Capdellà**, einem mallorquinischen Bergdörfchen, das sich zum Zweitwohnungssitz vieler Spanier, aber auch etlicher Deutscher entwickelt hat.

Hier ist die *Pfarrkirche* mit den Reliquien des römischen Märtyrers Sankt Urban im Hauptaltar sehenswert. Meh-

rere Cafés und Bars an den schmalen Hauptstraßen des Dorfes laden zur Rast sowie zur Erfrischung ein.
Wir lassen die Räder nun gemütlich die Straße nach **Calvià** hinunterrollen – erst kurz vor dem Ort müssen wir wieder fest in die Pedale treten. Von dort fahren wir wieder über denselben Waldpaß hinunter zur Küste, nach **Palmanova**.

 Anfahrt zum Ausgangsort
Regelmäßige Busverbindung mit Palma, Peguera und Andratx

 Rückfahrt zum Zielpunkt
Siehe Anfahrt

 Radverleih
Mehrere Radverleihe in Strandnähe

 Übernachtungen unterwegs
Nur in *Palmanova*, dort dafür Hotels wie Sand am Meer, z. B. Don Paco**, Apr. – Okt., San Muguel Deliria 6, ℡ 68 13 50. Hostal Bélgica*, Calle Jaime I., ℡ 68 08 02

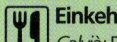 **Einkehrmöglichkeiten**
Calvià: Restaurante Can Torrat (vis-à-vis der Kirche, mallorquinische Spezialitäten). *Capdellà:* Bar Nou (direkt im Ort, kleine Gerichte, Tapas)

 Auskunft
Associación de Vecines de Palmanova, San Miguel de Liria 7, Torre Nova, Palmanova, ℡ 68 00 56

 Karte
Falk-Plan Mallorca

Variante
Wem die vorgeschlagene Runde zu bescheiden ist, der biegt auf halber Strecke zwischen Calvià und der Abzweigung nach Son Net rechts ab – über den Paß *Coll d'es Vent* (mit einem atemberaubenden Blick über Palma) hinunter in die Metropole – eine ungewöhnliche, auf schmaler Serpentinenstraße stets bergabführende Annäherung an die Inselhauptstadt, quasi durch das »Hintertürchen«, von relativ wenig Verkehr begleitet.

13 Von Palmanova bis Peguera

Die sonnige Südwestküste

 Ausgangsort
Palmanova

 Zielpunkt und Rückfahrt
Palmanova

Gesamttourenlänge
30 km

Durchschnittlicher Zeitbedarf
3 Std.

 Etappen
Palmanova – Santa Ponça 10 km – Peguera 5 km – Capdellà 5 km – Calvià 4 km – Palmanova 6 km

 Steigungen und Gefälle
300 Höhenmeter

Struktur des Geländes
Waldiges Hügelland, Felsküste mit Urbanisationen

 Sehenswertes am Weg
Pfarrkirche von Capdellà (Reliquien des römischen Märtyrers Sankt Urban im Hauptaltar)

 Wegmarkierungen
Straßenwegweiser

 Günstigste Jahreszeit
Ganzjährig

Besondere Ausrüstung
Badesachen

 Empfehlenswerter Radtyp
Schaltung mit mindestens 5 Gängen

In *Palmanova* halten wir uns südlich, Richtung Magaluf, am südlichen Ortsende dann westlich gemäß der Beschilderung »Santa Ponça«. Die Straße verläuft zwischen kleinen Wäldchen, Wiesen und Urbanisationen über *Sa Porrassa*

13 Von Palmanova bis Peguera

Viele Windmühlen auf Mallorca sind längst verfallen. Diese bei Santa Ponça wurde stilgerecht renoviert.

Von Palmanova bis Peguera 13

Vom Cap de Cala Figuera reicht der Blick bis hinüber nach Palmanova.

und *Son Ferrer* sowie die Urbanisation *El Toro* nach **Santa Ponça** auf die Westseite der Halbinsel. Dieser Ferienort wächst immer noch rasch, doch durch die vielen Steilküsten der Gegend konnte die Bebauung trotzdem bis heute in erträglichem Rahmen gehalten werden.

Vom **Cap Na Foradada** hat man einen schönen Blick auf die westlich liegenden Buchten – hier landeten die Kataplaner im Jahre 1229, um der mallorquinischen Unabhängigkeit ein jähes Ende zu bereiten.

Vom Kap fahren wir in den Ort zurück und halten uns an die Schilder Richtung »Peguera«, allerdings ohne uns auf die Hauptstraße C719 Palma – Peguera abdrängen zu lassen – hier ist einfach zuviel Verkehr. Vielmehr bleiben wir stets in Ufernähe, bis wir nur das allerletzte Stück vor Peguera auf die Hauptstraße

13 Von Palmanova bis Peguera

müssen, um eine kleine Felsnase zu umfahren. Bei der ersten Abfahrt verlassen wir diese jedoch gleich wieder und rollen hinunter in die Feriensiedlung. In der Mitte des Ortes – die Umfahrungsstraße ist an dieser Stelle bereits in einen Tunnel abgetaucht, biegen wir rechts nach *Capdellà* ab. Der Weg dorthin wird nun die anstrengendste Etappe dieser Route. Sanft, aber beharrlich schlängelt sich die Straße durch Gärten und Plantagen bergan, bis das kleine Bergdorf erreicht ist.

Capdellà hat sich in den letzten Jahren zum Zweitwohnungssitz vieler Spanier, aber auch einiger Deutscher entwickelt. Dort ist die Pfarrkirche mit den Reliquien des römischen Märtyrers Sankt Urban im Hauptaltar sehenswert. Mehrere Cafés und Bars an den schmalen Hauptstraßen des Dorfes laden gerade nach dem bewältigten Anstieg zur Rast sowie zur Erfrischung ein.

Wir lassen die Räder nun gemütlich die Straße nach *Calvià* hinunterrollen, erst kurz davor müssen wir wieder fest in die Pedale treten. Von dort fahren wir über eine bewaldete Paßhöhe erst ein wenig hinauf, dann in Serpentinen hinunter zur Küste, nach Palmanova.

 Anfahrt zum Ausgangsort
Regelmäßige Busverbindung mit Palma, Peguera und Andratx

 Rückfahrt zum Zielpunkt
Siehe Anfahrt

Radverleih
Mehrere Radverleihe in Strandnähe

 Übernachtungen unterwegs
Nur in Palmanova, dort dafür Hotels wie Sand am Meer, z. B. Don Paco**, Apr.– Okt., San Miguel Deliria 6, ✆ 68 13 50. Hostal Bélgica*, Calle Jaime I., ✆ 68 08 02

 Einkehrmöglichkeiten
Calvià: Restaurante Can Torrat (vis-à-vis der Kirche, mallorquinische Spezialitäten). *Capdellà*: Bar Nou (direkt im Ort, kleine Gerichte, Tapas)

Auskunft
Associación de Vecines de Palmanova, San Miguel de Liria 7, Torre Nova, *Palmanova*, ✆ 68 00 56

Karte
Falk-Plan Mallorca

Variante
Zwischen Palmanova und Santa Ponça in Sa Porrassa nicht rechts Richtung Santa Ponça weiterfahren, sondern links Richtung *Portals Vells*. Knapp vor der riesigen Urbanisation geht es links vorbei am Golfplatz durch den Pinienwald hinunter zum Meer, zur Cova de la Mare de Déu, einer Felshöhle mit Blick auf das Meer, in der Seeleute die Madonna Santa Maria del Carme aufgestellt haben, um sich für ihre Rettung aus vor dieser Küste tobenden Stürmen zu bedanken (Länge des Umweges 12 km).

14 Von Andratx nach Sant Telm

Unterwegs im felsigen Westen der Insel

 Ausgangsort
Andratx

 Zielpunkt und Rückfahrt
Andratx

 Gesamttourenlänge
26 km

 Durchschnittlicher Zeitbedarf
2½ Std.

 Etappen
Andratx – Port d'Andratx 6 km – Cap de sa Mola 2 km – Port d'Andratx 2 km – S'Arraco 5 km – Sant Telm 4 km – S'Arracó 4 km – Andratx 3 km

 Steigungen und Gefälle
250 Höhenmeter

 Struktur des Geländes
Felsiges Hügelland, von Bergen eingerahmt. Locker bewaldetes, schattenreiches Gelände

 Sehenswertes am Weg
Andratx: Pfarrkirche, Kunstmuseum im Landgut Son Mas. *Sant Telm:* Castell

 Wegmarkierungen
Straßenwegweiser

 Günstigste Jahreszeit
Ganzjährig

 Besondere Ausrüstung
Badesachen

 Empfehlenswerter Radtyp
Schaltung mit mindestens 5 Gängen

In Hafen von Port d'Antratx sind nicht nur Luxusyachten, sondern auch noch ganz echte Fischkutter zu sehen.

Schon **Andratx** selbst ist eine Radtour wert: Die hoch über dem Meer liegende alte Stadt mit ihren blumenduftenden Gärten, engen Gäßchen und eng aneinandergeklebten Häusern bietet den Eindruck eines geschlossenen Ensembles. Im Landgut *Son Mas* ist ein kleines Kunstmuseum zu besichtigen, ein paar Wehrtürme stammen noch aus der Zeit der Piratenüberfälle. Auch die Kirche *Santa Maria* erinnert an den Wehrwillen der Bevölkerung.

Wir nehmen die Straße hinunter zum Hafenort *Port d'Andratx*, der sich dank eines fehlenden größeren Sandstrandes nicht zu einer Touristenklave entwickeln konnte. Besucher sind trotzdem jede Menge hier – meist Ausflügler aus Palma, Bootsbesitzer, die hier ihre Yachten vor Anker liegen haben oder einfach Inselrundfahrer.

Wir fahren am südlichen Hafenrand entlang immer westlich bis zur Spitze der Landzunge, zum *Cap de Sa Mola*. Der hier gebotene Rundblick umfaßt einen weiten Küstenabschnitt sowie die rech-

14 Von Andratx nach Sant Telm

Der kleine Badeort Sant Telm ist nicht nur der westlichste, sondern auch einer der ruhigsten der Insel.

Von Andratx nach Sant Telm 14

ter Hand vor Mallorca liegende **Illa Dragonera**, die wildzerklüftete und unbewohnte Dracheninsel.
Die Straße führt uns in einer weiten Schleife wieder zurück nach **Port d'Andratx**. Wir fahren wieder Richtung Andratx hinauf, biegen aber 2 km hinter dem Ortsausgang links nach **S'Arracó** ab, wo wir auf die Straße nach Sant Telm stoßen, die wir nach links hinunter zum Meer fahren.
Sant Telm ist der westlichste Ort der Insel, in vielerlei Beziehung ein Vorposten: Hier ist man der Dracheninsel am nächsten, hier ist man am allerweitesten von den Ferienburgen der großen Buchten entfernt. Lediglich ein größeres Hotel steht direkt an dem kleinen, geschützten Sandstrand, der größte Teil der Übernachtungsmöglichkeiten sind kleine Pensionen, Ferienhäuser und Privatzimmer – ein für Mallorca ziemlich untypisches Ensemble.
Südöstlich oberhalb des Ortes liegt das Castell, eine romantische Ruine mit schönem Meerblick. Wir strampeln nach dem Baden und nach ausgiebiger Rast wieder hinauf nach **S'Arracó**, auf vielen Kurven im Schatten der Pinien. Dort fahren wir diesmal geradeaus weiter, bis nach **Andratx**, dem Ausgangspunkt unserer Tour.

Anfahrt zum Ausgangsort
5 bis 6 Busse täglich von Palma bis Andratx

Rückfahrt zum Zielpunkt
Siehe Anfahrt

Radverleih
Keiner. Die nächsten Ausleihmöglichkeiten sind in Peguera, Camp de Mar und Port d'Andratx

Übernachtungen unterwegs
Port d'Andratx: Hotel Brismar**, Calle Almirante Riera Alemany 7, ✆ 67 16 00, Hostal Bella Vista**, Calle de Mateo Bosch 35, ✆ 67 16 25.

Einkehrmöglichkeiten
Andratx: El Patio (franz./span. Küche, Di geschl., Carretera Andratx-Port d'Andratx 20, ✆ 67 20 12)
Port d'Andratx: Rocamar (Fisch, 1. Dez.–31. Jan. u. Mo geschl., Calle Almirante Riera Alemany s/n, ✆ 67 12 61. Layn, Calle Almirante Riera Alemany 21 (mallorquinische Küche, Di geschl., ✆ 67 18 55)

Öffnungszeiten
Andratx: Museum tgl. (außer Mo) 10 – 17 Uhr

Auskunft
Andratx: Ayuntamiento, General Bernardo Riera s/n, ✆ 67 10 21, 67 10 01

Karte
Falk-Plan Mallorca

Variante
Wer diese Tour nicht mit dem eigenen Rad, sondern auf geliehenen Rädern starten will und dennoch auf komplizierte Radtransporte verzichten mag, der beginnt im Badeort *Camp de Mar* (dort mehrere Radverleihe direkt in Strandnähe). Von dort führt eine schmale Straße in vielen Kurven durch das waldige und hügelige Küstenhinterland hinüber nach *Port d'Andratx* – ab da weiter auf der Hauptroute.

15 Von Andratx bis Banyalbufar

Eine Runde über die grandiose Küstenstraße und durch die Waldtäler der Serra

  Ausgangsort
Andratx

  Zielpunkt und Rückfahrt
Andratx

  Gesamttourenlänge
64 km

  Durchschnittlicher Zeitbedarf
8 Std.

  Etappen
Andratx – Estellencs 19 km – Banyalbufar 8 km – Sa Granja 10 km – Puigpunyent 9 km – Capdellà 9 km – Andratx 9 km

  Steigungen und Gefälle
750 Höhenmeter

  Struktur des Geländes
Steilküste mit gewaltigen Aussichten auf Meer und Klippen, im Inselinneren teils sanfte, teils schroffe, bewaldete Täler

  Sehenswertes am Weg
Andratx: Pfarrkirche, Kunstmuseum im Landgut Son Mas. *Küstenstraße:* Mirador de Ricardo Roca, Mirador de Ses Animes (Aussichtspunkte). *Estellencs:* mittelalterlicher Dorfkern. *Sa Granja:* Herrensitz und Vorzeige-Landgut

  Wegmarkierungen
Straßenwegweiser

  Günstigste Jahreszeit
September – Mai

  Besondere Ausrüstung
Keine

Das Bergdorf Estellencs liegt hoch oberhalb der felsigen Nordküste der Insel.

Von **Andratx** nehmen wir die C710, die Inselrundstraße Mallorcas. Vorab nur ein Wort zu dieser Straße: Besonders im Nordwestteil der Insel, also auf unserer Route, verläuft diese oft halsbrecherisch zwischen Felswand und Abgrund geklebt mit teilweise atemberaubenden Ausblicken auf Klippen und Meer. Das ist schön, aber für Radfahrer manchmal auch ein wenig angsteinflößend – oft ist nur ein kleines, gerade mal kniehohes Mäuerchen zwischen Pedal und Abgrund. Die Straße ist vor allem während der Hochsaison im Sommer leider ziemlich stark befahren – immer mehr Mallorca-Urlauber machen sich im Mietwagen auf die Reise rund um die Insel, zahlreiche Busunternehmen bieten Rundfahrten an. Gerade diese Busse bringen Radfahrer manchmal – zumindest psychisch – in arge Bedrängnis: Es ist nicht jeder-

Von Andratx bis Banyalbufar 15

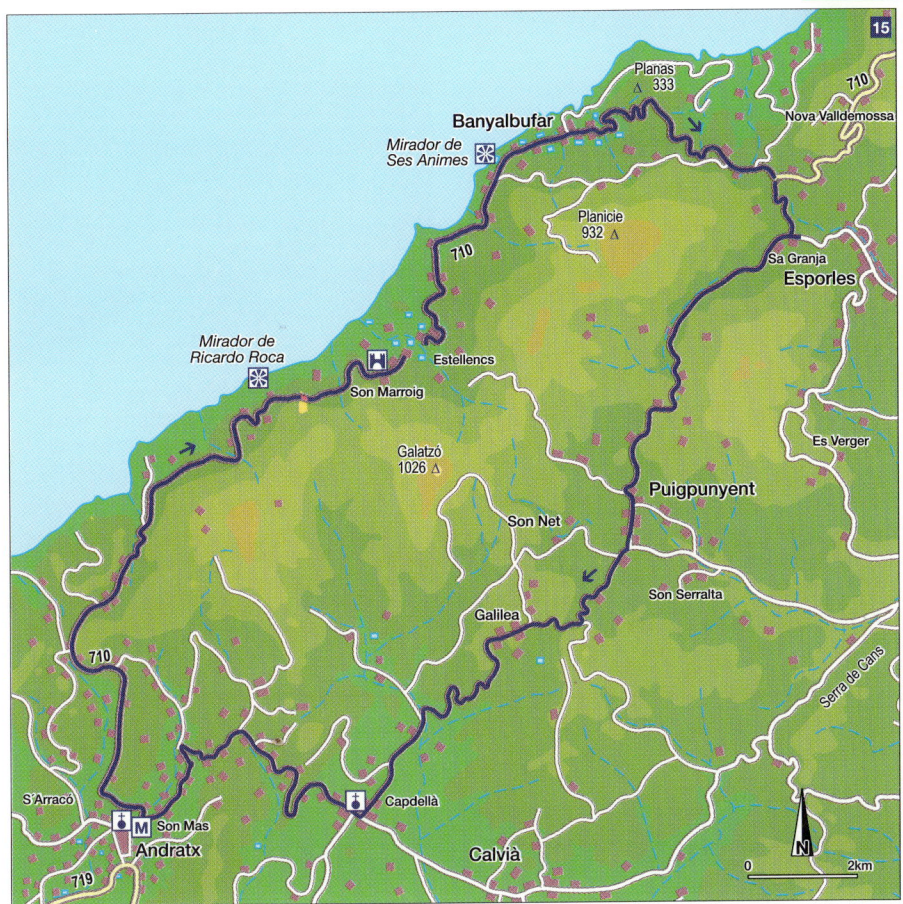

manns Sache, auf dem Rad zwischen einer Busseitenwand und einem Abgrund zu balancieren. Wer solche Situationen nicht vertragen kann, sollte auf das Befahren dieser Route verzichten!

Die anderen strampeln immer geradeaus, die Küstenstraße entlang – oder, besser gesagt, immer entlang den unendlich vielen Kurven dieser Route. Die Aussichtpunkte **Mirador de Ricardo Roca** und **Mirador de Ses Animes** übertreffen einander an Grandiosität und Gewagtheit der Anlagen. In **Estellencs** bieten sich einige Bars und Restaurants als Rastplätze an, der winzige Strand liegt jedoch weit ab, tief unterhalb der Straße.

Hinter **Banyalbufar** biegen wir bei der ersten Möglichkeit rechts ab, Richtung Esporles, kurz davor aber wieder rechts, zum Landgut **Sa Granja**. Der wunderschöne Gutshof kann besichtigt werden, hier finden auch Volkstanzdarbietungen

15 Von Andratx bis Banyalbufar

sowie handwerkliche Vorführungen statt.
Bei der Ausfahrt von dem Landgut halten wir uns zweimal links und geraten so auf die Straße nach *Puigpunyent* – endlich eine weniger befahrene, dafür auch nicht so spektakuläre Route. Aus den zahlreichen Serpentinen bieten sich trotzdem viele Ausblicke hinunter in das Tal von **Capdellà** und **Calvià**. In Capdellà nehmen wir die Straße rechts nach **Andratx** – jetzt steht uns ein letzter Anstieg bevor, um in das nächste Tal, in dem sich unser Ziel befindet, hinüberzuwechseln.

Spätestens in Banyalbufar brauchen hungrige und durstige Radfahrer Rast und Stärkung – halten Sie geradewegs auf den mittelalterlichen Dorfkern zu.

Anfahrt zum Ausgangsort
5 bis 6 Busse täglich von Palma bis Andratx

Rückfahrt zum Zielpunkt
Siehe Anfahrt

Radverleih
Keiner. Die nächsten Ausleihmöglichkeiten sind in Peguera, Camp de Mar und Port d'Andratx

Übernachtungen unterwegs
Estellencs: Maristel** (Eusebio Pascual 10, ✆ 61 02 82), Hostal Son Llarg* (Plaça Espanya 7, ✆ 61 00 56).
Banyalbufar: Hostal La Baronia* (April – Okt., General Goded 16, ✆ 61 81 46) und Mar y Vent*** (Calle Mayor 49, ✆ 61 00 25).

Einkehrmöglichkeiten
Andratx: El Patio (franz./span. Küche, Di geschl., Carretera Andratx-Port d'Andratx 20, ✆ 67 20 13).
Estellencs: Son Llarg (gepflegte mallorquinische Küche, Plaça Constitución 6, ✆ 61 05 64), Es Grau (bodenständige mallorquinische Küche, Carretera Andratx-Estellencs, ✆ 61 02 70).
Banyalbufar: Restaurant Son Tómas (Calle General Goded, 17, ✆ 61 04 52) und die Bar Bellavista (Ortsmitte).
Sa Granja: Restaurant im Landgut.

Öffnungszeiten
Andratx: Museum tgl. (außer Mo) 10 – 17 Uhr.
Sa Granja: tgl. 10 – 19 Uhr, Vorführungen, Volkstanzgruppen, Weben, Töpfern und andere handwerkliche Darbietungen, ländliche Bankette – ✆ Voranmeldung/Reservierung unter 61 00 32.

Auskunft
Andratx – Ayuntamiento, General Bernardo Riera s/n, ✆ 67 10 21, 67 10 01

Karte
Falk-Plan Mallorca

Variante
Wem diese zweifellos ein wenig anstrengende Tour mit ihren unzähligen Serpentinen sowie Aufs und Abs entlang der zerklüfteten Nordwestküste zu viel wird, sollte von Andratx aus zumindest bis Estellenc durchhalten. Unterwegs lohnt der Blick vom Mirador de Ricardo Roca mit einem gigantischen Blick die Mühen, in Estellencs selbst können sich die Radfahrer in drei verschiedenen, äußerst angenehmen Restaurants laben. Wer Erfrischung sucht, radelt (oder besser noch wandert) zu dem winzigen Strand des Ortes hinunter – einen guten Kilometer durch den weiten Taleinschnitt abwärts, entweder auf einer schmalen Asphaltstraße im Talgrund oder auf dem Fußweg an der (Richtung Meer gesehenen) rechten Talseite. Länge der Variante 38 km Radtour + 2 km Wanderung/Radfahrt zum/vom Strand.

16 Von Palma zum Landgut Sa Granja

Das Vorzeige-Landgut in der Serra

 Ausgangsort
Palma

 Zielpunkt und Rückfahrt
Palma

 Gesamttourenlänge
60 km

 Durchschnittlicher Zeitbedarf
6 Std.

 Etappen
Palma – Esporles 13 km – Sa Granja 4 km – Puigpunyent 9 km – Capdellà 9 km – Calvià 4 km – Palmanova 6 km – Palma 15 km

 Steigungen und Gefälle
550 Höhenmeter

 Struktur des Geländes
Waldiges Hügel- bis Bergland, viele abwechselnde Steigungs- und Gefällestrecken, teilweise enge Straßen, fast immer kurvenreiche Strecke.

 Sehenswertes am Weg
Sa Granja: Herrensitz und Vorzeige-Landgut.
Capdellà: Pfarrkirche (Reliquien des römischen Märtyrers Sankt Urban im Hauptaltar).

 Wegmarkierungen
Straßenwegweiser

 Günstigste Jahreszeit
Oktober – April

 Besondere Ausrüstung
Wasser (die vielen Steigungen fördern den Durst bei jeder Jahreszeit)

Das Bergstädtchen Esporles verbirgt sich hinter dicken, mittelalterlichen Mauern.

Die Straße von **Palma** nach **Esporles** ist nicht ganz leicht zu finden, handelt es sich doch um eine der kleinsten Ausfallstraßen der Inselmetropole. Von der *Kathedrale* fährt man am besten über den *Passeig des Born*, die Flaniermeile der Stadt, landeinwärts bis zu deren Ende, dann rechts, immer dem Straßenverlauf folgend, dann halblinks bis zu einem Kreisverkehr, von dem man die *Via Roma* nimmt, von den Einheimischen La Rambla genannt – einer der größten Boulevards der Stadt. Auf ihm fährt man bis zur Ringstraße Palmas, auf der rechts bis zur nächsten Ecke, hier links auf die *Calle del General Riera* – die ist bereits die Route nach Esporles.

Nach dem Stadtgebiet steigt die Straße stetig an, nach Esporles nehmen wir die Abzweigung links zum **Sa Granja**. Der wunderschöne Gutshof kann besichtigt werden, hier finden auch Volkstanzdarbietungen sowie handwerkliche Vorführungen statt.

Bei der Ausfahrt von dem Landgut halten wir uns zweimal links und geraten so auf die Straße nach *Puigpunyent* – endlich eine weniger befahrene, dafür auch nicht so spektakuläre Route. Aus den zahlreichen Serpentinen bieten sich trotzdem viele Ausblicke hinunter in das Tal von Capdellà und Calvià. In **Cap-**

16 Von Palma zum Landgut Sa Granja

dellà, einem mallorquinischen Bergdörfchen, das sich zum Zweitwohnungssitz vieler Spanier, aber auch Deutscher entwickelt hat, ist die Pfarrkirche mit den Reliquien des römischen Märtyrers Sankt Urban im Hauptaltar sehenswert. Mehrere Cafés und Bars an den schmalen Hauptstraßen des Dorfes laden zur Rast sowie zur Erfrischung ein.
Dort nehmen wir die Straße links nach Calvià. Nach Überquerung eines kleinen Passes sehen wir das Städtchen schon in einer weiten Senke vor uns liegen, hoch überragt von der klobigen Kirche (Frühgotik aus dem Jahre 1245, aber im 19. Jh. kräftig umgebaut).
Calvià ist eine der reichsten Städte der Insel – hier werden die Einkünfte aus den Touristenhochburgen unten an der Küste verwaltet, hier oben haben wohlhabende Mallorquiner ihre Privatvillen errichtet.

Von Palma zum Landgut Sa Granja 16

Anfahrt zum Ausgangsort
Busverbindungen von allen größeren Inselorten nach Palma. Züge von Inca und Sóller

Rückfahrt zum Zielpunkt
Siehe Anfahrt

Radverleih
M. Blando Gil, Calle Manacor 25, ✆ 46 33 57, Comercial Cruellas, Arco de la Merced 7, ✆ 71 48 61

Übernachtungen unterwegs
Esporles: Hostal Central* (Plaça Espanya, ✆ 61 02 82). *Palmanova:* Don Paco** (Apr.– Okt., San Muguel Deliria 6, ✆ 68 13 50). Hostal Bélgica* (Calle Jaime I., ✆ 68 08 02).

Einkehrmöglichkeiten
Sa Granja: Restaurant im Landgut. *Capdellà*: Bar Nou (direkt im Ort, kleine Gerichte, Tapas). *Calvià:* Restaurante Can Torrat (vis-à-vis der Kirche, mallorquinische Spezialitäten).

Öffnungszeiten
Sa Granja: Tgl. 10 – 19 Uhr Vorführungen, Volkstanzgruppen, Weben, Töpfern und andere handwerkliche Darbietungen, ländliche Bankette – ✆ Voranmeldung/Reservierung unter 61 00 32.

Auskunft
Informationsbüros des Fremdenverkehrsamtes: Avinguda Rey Jaume III 10, ✆ 71 22 16. Plaça d'Espanya, ✆ 71 15 27. C/. Santo Domingo, ✆ 72 40 90. Alle Mo – Fr 9 – 14.30 und 15 – 20, Sa 9 – 13.30 Uhr. Aeroporto Son Sant Juan (Flughafen Palma), ✆ 26 08 03

Karte
Firestone mapa turistico Mallorca. 1:125 000 (Stadtplan Palma auf der Rückseite), 655 Pts. An jedem Kiosk. Falkplan Mallorca, Palma de Mallorca, 800 Pts. (mit Sonderplan Innenstadt Palma) Falk-Plan (mit Stadtplan Palma). An vielen Kiosken (800 Pts.)

Variante
Wem die Runde zu lang wird, der biegt in Puigpunyent links auf die kleine Straße direkt nach Palma ab (Wegersparnis gegenüber der Hauptroute 17 km).

Wir lassen die Räder nun gemütlich die Straße nach *Palmanova* hinunterrollen, erst kurz davor müssen wir wieder fest in die Pedale treten, um einen kleinen Waldpaß zu überwinden, nach dem wir hinunter zur Küste, nach Palmanova, gelangen. In Palmanova fahren wir bis zur Uferstraße hinunter und auf dieser links nach *Palma* zurück.

Das Landgut Sa Granja steht zur Besichtigung offen. Hier finden auch Volkstanzaufführungen und Präsentationen bäuerlichen Handwerkes statt.

17

17 Von Palma in das Bergstädtchen Valldemossa

Zum berühmten Kartäuserkloster des Künstlerpärchens Chopin – Sand

Selbst an den sonnenglühendsten Landstraßen läßt sich immer wieder ein schattiges Rastplätzchen finden wie hier an einer Hofeinfahrt bei Valldemossa.

 Ausgangsort
Palma

 Zielpunkt und Rückfahrt
Palma

 Gesamttourenlänge
49 km

 Durchschnittlicher Zeitbedarf
5½ Std.

 Etappen
Palma – Valldemossa 22 km – Sa Granja 11 km – Esporles 3 km – Palma 13 km

 Steigungen und Gefälle
850 Höhenmeter

 Struktur des Geländes
Sanft, dann immer steiler ansteigendes Hügelland hinter Palma. Teils waldige, teils olivenhaintragende Täler an der restlichen Strecke.

 Sehenswertes am Weg
Valldemossa: Altstadt, säkularisiertes Kartäuserkloster. *Sa Granja:* Herrensitz und Vorzeige-Landgut

 Wegmarkierungen
Straßenwegweiser

 Günstigste Jahreszeit
Oktober – Mai

 Besondere Ausrüstung
Sonnenschutz für die Strecke Palma – Valldemossa

 Empfehlenswerter Radtyp
Schaltung mit mindestens 10 Gängen

Aus *Palma* nach Valldemossa fährt man am besten von der *Plaça Espanya* vor dem Bahnhof den Boulevardring nördlich bis zur *Plaça Conquista*, dort nach rechts auf der *Calle 31 de Desembre* stadtauswärts. Bei einer Gabelung nach fünf Blocks hält man sich links auf der *Calle Francesco Suau*, die danach zur *Carretera de Valldemossa* wird. Diese Straße führt an der modernen Universität von Palma vorbei, der einzigen Hochschule der Balearen. Sie ist eng, vielbefahren und stauanfällig – hier ist erhöhte Vorsicht geboten!
Die Straße steigt nun beständig an, und die vielen Kurven gehen in die Beine! **Valldemossa** ist schon lange zu sehen, bevor wir es erreichen – erst muß noch ein Talabschnitt mühsam umrundet werden.
In dem mittelalterlichen Dorf müssen wir eigentlich die berühmte **Kartause** besichtigen, in der der Komponist Frédéric Chopin und die Schriftstellerin George Sand den verregneten Winter 1838/39 verbrachten – ein stimmungsvolles Gebäude, das trotz der Touristen-

Von Palma in das Bergstädtchen Valldemossa 17

meile mit Fast-food-Läden und Souvenirhöhlen davor interessant ist.
Nach Valldemossa biegen wir nach links auf die Inselrundstraße C710 ab, Richtung *Andratx*. Auf der fahren wir nur 8 km, aber viele Serpentinen und Steigungen bis zur Abzweigung nach *Esporles*. Vor diesem Ort links ist die Abzweigung zum Landgut **Sa Granja**, wo es diesen herrlichen Gutshof selbst, aber auch allerlei altes landwirtschaftliches Gerät, handwerkliche Vorführungen und Volkstanzgruppen zu sehen gibt – ein Massenausflugsort sicherlich, aber dennoch nicht ohne Reiz.
Von dort fahren wir wieder auf die Straße nach *Esporles*, durch den Ort weiter Richtung *Palma* – das bedeutet jetzt ein wenig Anstieg, aber viele Abfahrten bis hinunter zum Meer.

17 Von Palma in das Bergstädtchen Valldemossa

Valldemossa bietet schon bei der Annäherung ein eindrucksvolles, geschlossenes Ortsbild. Auf der Straße Palma – Valldemossa müssen Radler den Ort erst umrunden, um in ihn hineinzufahren.

18 Von Palma nach Port de Sóller

Auf der berühmten Paßstraße über den Coll de Sóller die Serra de Tramuntana bezwingen

 Anfahrt zum Ausgangsort
Busverbindungen von allen größeren Inselorten nach Palma. Züge von Inca

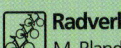 **Rückfahrt zum Zielpunkt**
Siehe Anfahrt

 Radverleih
M. Blando Gil, Calle Manacor 25, ✆ 463357, Comercial Cruellas, Arco de la Merced 7, ✆ 714861

Übernachtungen unterwegs
Valldemossa: Vistamar*** (April – Okt., Carretera Andratx, ✆ 61 23 00), Hostal Can Marió* (Calle Uetam 8, ✆ 61 21 25)
Esporles: Hostal Central* (Plaça Espanya, ✆ 61 02 82).

 Einkehrmöglichkeiten
Valldemossa: Can Pedro (im Winter nur mittags, So abends u. Mo geschl., mallorquinische Küche, Calle Archiduque Luis Salvator, ✆ 61 21 20), Can Costa (im Winter nur mittags, Di geschl., mallorquinische Küche in einer alten Ölmühle, stimmungsvoll, Carretera de Deià, ✆ 61 22 63).
Sa Granja: Restaurant im Landgut

Öffnungszeiten
Valldemossa: Kartause tgl. (außer So) 9.30 – 13.30 u. 15 – 18 Uhr. *Sa Granja:* siehe Tour 16. *Son Marroig:* tgl. außer So 9 – 19 Uhr.

Auskunft
Palma: Informationsbüros des Fremdenverkehrsamtes: Avinguda Rey Jaume III 10, ✆ 71 22 16. Plaça d'Espanya, ✆ 71 15 27. C/. Santo Domingo, ✆ 72 40 90. Alle Mo – Fr 9 – 14.30 und 15 – 20, Sa 9 – 13.30 Uhr. *Aeroporto Son Sant Juan* (Flughafen Palma), ✆ 26 08 03.

Karte
Firestone mapa turistico Mallorca. 1:125 000 (Stadtplan Palma auf der Rückseite, 655 Pts. An jedem Kiosk.
Falk-Plan Mallorca (mit Stadtplan Palma). An vielen Kiosken (800 Pts.).

 Variante
Von Valldemossa auf der Küstenstraße C710 nördlich Richtung Port de Sóller, nach 3 km die Abzweigung links hinunter zu dem prächtigen Herrenhaus Son Marroig (Länge des Umweges: 8 km Radfahrt + 4 km Wanderung).

 Ausgangsort
Palma

 Zielpunkt und Rückfahrt
Palma

 Gesamttourenlänge
74 km

 Durchschnittlicher Zeitbedarf
8 Std.

 Etappen
Palma – Bunyola 16 km – Coll de Sóller 9 km – Sóller 8 km – Port de Sóller 4 km – Sóller 4 km – Coll de Sóller 8 km – Bunyola 9 km – Palma 16 km

 Steigungen und Gefälle
2000 Höhenmeter

 Struktur des Geländes
Sanft ansteigendes Hügelland von Palma bis Bunyola, dann steiler Anstieg über die Paßstraße bis zum Coll de Sóller und ebenso steiler Abstieg bis Sóller (viele Serpentinen), dann sanfter Abstieg zum Meer bei Port de Sóller

 Sehenswertes am Weg
Sóller: Altstadt, Plaça, Straßenbahn, Museo Etnológico. *Port de Sóller:* Torre Picada, Oratori de Santa Catalina

 Wegmarkierungen
Straßenwegweiser

 Günstigste Jahreszeit
Oktober – Mai

 Besondere Ausrüstung
Sonnenschutz für den Paß, Badesachen für Port de Sóller

Empfehlenswerter Radtyp
Gangschaltung mit mindestens 10 Gängen

18 Von Palma nach Port de Sóller

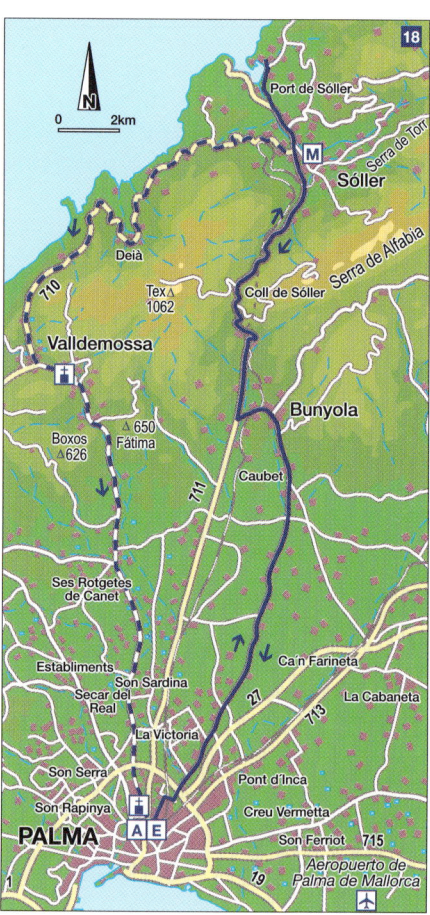

Die Paßstraße über den Coll de Sóller ist eine der beliebtesten »Übungsstrecken« mallorquinischer Radfahrer und erfordert ein wenig Übung im Bergaufstrampeln.

Die Strecke von Palma über den **Coll de Sóller** gehört zwar zu den vielbefahrenen Strecken der Insel, sie ist es aber dennoch wert, mit dem Rad »bezwungen« zu werden. Zu elegant schwingen sich die Serpentinen aus der Ebene den Paß hinauf und auf der anderen Seite in das weite Tal von Sóller hinunter, zu grandios ist der Blick von der Paßhöhe – man könnte meinen, die ganze Insel im Blickfeld zu haben!
Die Straße nach Sóller beginnt dort, wo auch die Bahnlinie dahin startet – an der **Plaça Espanya**. Von dort fährt man über den Boulevardring nördlich bis zur **Plaça Conquista**, dort nach rechts auf der **Calle 31 de Desembre** stadtauswärts. Bei einer Gabelung nach fünf Blocks hält man sich rechts und kommt so auf die **Calle Capitan Salom**, die Ausfallstraße nach Sóller.
Die Strecke ist anfangs sehr eben, doch die Steigung kommt plötzlich – gleich hinter Bunyola, einem kleinen Städtchen rechts von der Strecke. Der **Coll de Sóller** ist übrigens 500 Meter hoch – das macht bei der gesamten Strecke, zweimal hinauf, zweimal hinunter, einen Höhenunterschied von 2000 Metern aus!
In **Sóller** ist so jedenfalls eine Ruhepause fällig – am besten in einem der zahl-

Von Palma nach Port de Sóller 18

Die altertümliche Straßenbahn zwischen Sóller und Port de Sóller ist mit ihren offenen Waggons eine besondere Attraktion für Jung und Alt.

18 Von Palma nach Port de Sóller

reichen Cafés auf der schattigen Plaça, wo man als besondere Draufgabe noch der alterschwachen Straßenbahn zusehen kann, die hier alle paar Minuten aus einem schmalen Gäßchen heraus über den Platz zu ihrer Endstation schrammt.

Danach kommt der angenehmste Teil der Fahrt – sanftes Bergabrollen bis **Port de Sóller**, dem zur Stadt gehörenden Hafen. Dort halten wir irgendwo am Hafenbecken und ruhen uns nochmal gehörig für die Rückfahrt aus, denn die wird es in sich haben. Der kleine Strand direkt am Hafen ist durchaus badetauglich, dahinter reiht sich Café an Café, nur durch die wenig befahrene Straße und die hin und wieder vorbeiquietschende Straßenbahn voneinander getrennt. Ganz vorne an der Bucht kann man mit wenigen Schritten auf die andere Seite des Ortes sehen, auf das offene Meer. Dort steht das *Oratori de Santa Catalina*, ein ehemaliges Kloster aus dem 13. Jh., und die *Torre Picada*, ein trutziger Piratenwachtturm.

Die Rückfahrt beginnt mit einer sanften, aber langen Bergauffahrt bis Sóller, und dann – wie gehabt!

Anfahrt zum Ausgangsort
Busverbindungen von allen größeren Inselorten nach Palma. Züge von Inca

Rückfahrt zum Zielpunkt
Siehe Anfahrt

Radverleih
M. Blando Gil, Calle Manacor 25, ℡ 46 33 57, Comercial Cruellas, Arco de la Merced 7, ℡ 71 48 61

Übernachtungen unterwegs
Port de Sóller: Espléndido****, Strandpromenade, ℡ 63 18 50, Hostal Es Port***, Antonio Montis s/n, ℡ 63 16 50, ein alter Gutshof mit Wehrturm, ein wenig außerhalb der Stadt/Beschilderung.
Sóller: El Guía*, Castañer 3, direkt neben dem Bahnhof, ℡ 63 02 27

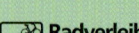

Einkehrmöglichkeiten
Unzählige Restaurants und Bars in *Sóller* und *Port de Sóller*. Empfehlenswert das »Bahnhofsrestaurant« El Guía (Sóller, C/. Castañer 3, tgl., im Winter Mo. geschl.) und das Restaurant Las Palmeras (Port de Sóller, an der Hafenpromenade)

Öffnungszeiten
Sóller: Museo Etnológico, Casa de Cultura, Calle de Mar 5, Di – Sa 10 –14 u. 15.30 –17.30 Uhr.
Die Bahn Palma–Sóller verkehrt zwischen 8 und 22 Uhr (insgesamt fünf Mal), die Straßenbahn Sóller – Ort de Sóller zwischen 5.55 und 21.10 (in Abständen von 10 – 60 Min., nach Bedarf).

Auskunft
Palma: Informationsbüros des Fremdenverkehrsamtes: Avinguda Rey Jaume III 10, ℡ 71 22 16. Plaça d'Espanya, ℡ 71 15 27. C/. Santo Domingo, ℡ 72 40 90. Alle Mo – Fr 9 –14.30 und 15 – 20, Sa 9 –13.30 Uhr. Aeroporto Son Sant Juan (Airport), ℡ 26 08 03.
Sóller: Oficina de Informació, Plaça de Constitutió (im Rathaus), ℡ 63 02 00)
Fahrplanauskünfte über die Bahnverbindung: Ferrocarril de Sóller, S.A., Eusebi Estada 1, Palma de Mallorca, ℡ 75 20 51 und 75 20 28 oder Castañer 7, Sóller, ℡ 63 01 30).

Karte
Falk-Plan Mallorca

Variante
Wer nach der ersten Überquerung des Passes (zu Recht) völlig erschöpft ist, versucht, seinen Drahtesel irgendwie im Zug Sóller-Palma unterzubringen, im »Roten Blitz«, dem altertümlichen Bergbähnchen, das die Paßhöhe in einem Tunnel elegant unterquert – bis zu fünfmal täglich pro Richtung. Oder man radelt über Deià, Valldemossa (mit seinem berühmten Kartäuserkloster – geöffnet außer So tgl. 9.30 –13.30 u. 15 –18 Uhr) und einen wesentlich niedrigeren Paß zurück (14 km).

19 Palma-Bunyola-Orient-Alaró

Von der Hauptstadt in die Täler der Serra de Tramuntana

 Ausgangsort
Palma

 Zielpunkt und Rückfahrt
Palma

 Gesamttourenlänge
65 km

 Durchschnittlicher Zeitbedarf
7 Std.

 Etappen
Palma – S'Indioteria 7 km – Bunyola 11 km – Orient 10 km – Alaró 10 km – Can Roig 15 km – S'Indioteria 5 km – Palma 7 km

 Steigungen und Gefälle
350 Höhenmeter

 Struktur des Geländes
Ebene hinter Palma, dann weite Täler mit Olivenhainen und Obstgärten, intensiv landwirtschaftlich genutztes, klimatisch sehr mildes, begünstigtes Terrain

 Sehenswertes am Weg
Castell d'Alaró mit Wallfahrtskirchlein Capilla Nostra Senyora del Refugi, die *Höhle* von Sant Antoni

 Wegmarkierungen
Straßenwegweiser

 Günstigste Jahreszeit
September–Juni

 Besondere Ausrüstung
Sonnenschutz (auf der ganzen Strecke kaum Schatten)

 Empfehlenswerter Radtyp
Tourenrad mit mindestens 5 Gängen

In der Ortsmitte von Bunyola laden etliche Straßencafés müde Radler zur Rast ein.

Das ist eine nicht nur unter Urlaubern, sondern auch bei Mallorquinern beliebte Radroute. Wir starten in **Palma** an der *Plaça Espanya*, direkt neben dem linken Bahnhof, in dem die Züge nach Sóller losfahren. Über die *Estada Eusebi* kommen wir schnurgerade in den Vorort *S'Indioteria*, von dort weiter über *Can Roig* nach **Bunyola**. In dem Ort läßt es sich in mehreren Cafés auf

19 Palma-Bunyola-Orient-Alaró

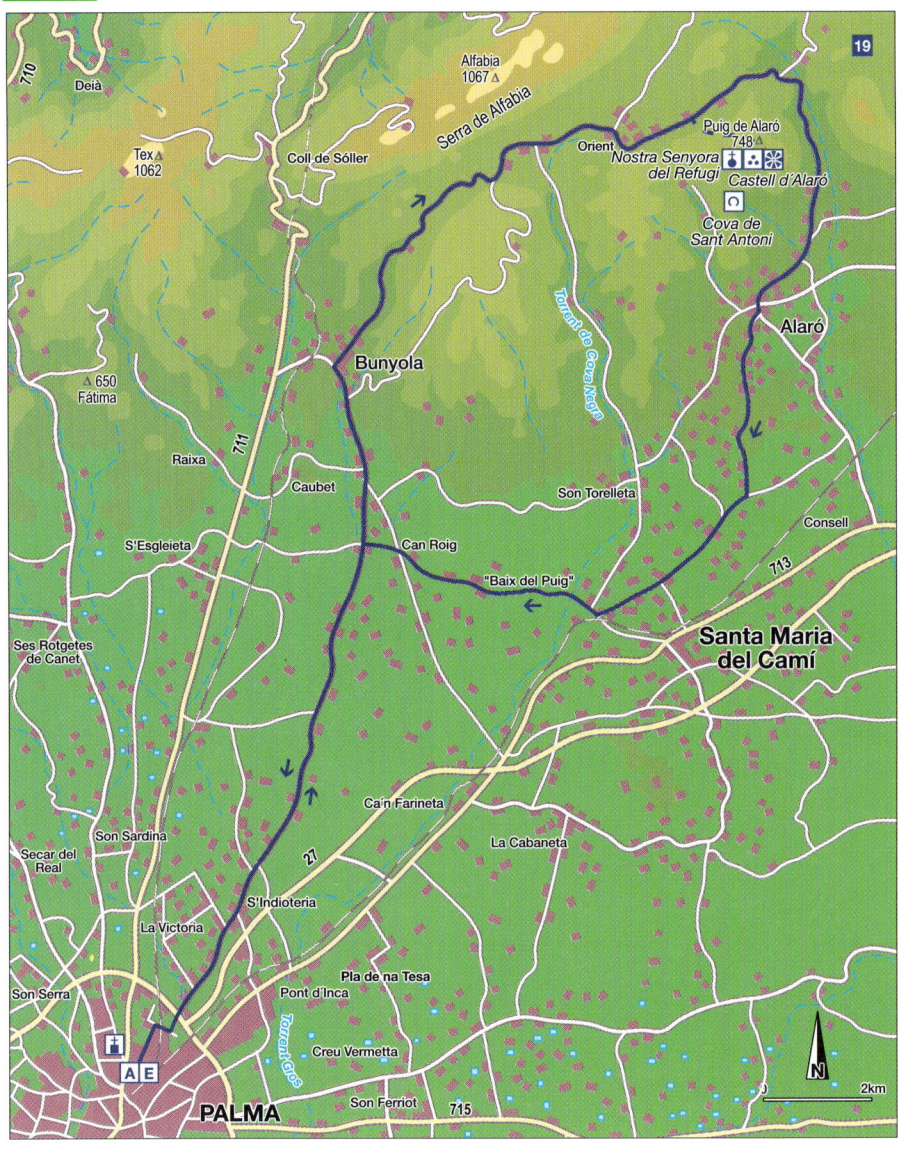

der Plaça ganz vortrefflich rasten. An der hauptsächlichen Kreuzung des Ortes fahren wir rechts nach **Orient**, in einem abgeschieden wirkenden, lieblichen Tal mit viel Wald und Olivenhainen. Nach Orient macht das Tal eine Rechtskurve, der die Straße folgt – bis Alaró. Wir umrunden so den **Puig de Alaró**, einen ke-

Palma-Bunyola-Orient-Alaró 19

Das Tal von Orient, hoch oben vom Castell d'Alaró aus gesehen.

gelförmigen Berg, der von einem *Castell* mit einer kleinen *Wallfahrtskirche* darin gekrönt ist (siehe Variante). Alaró ist eine enge Kleinstadt mit einer der schönsten Plaças Mallorcas – hier stellt sich an den Cafétischen unter dichten Platanen sofort die richtige Spanienstimmung ein.

Von hier fahren wir durch das sanfte Vorland der *Serra de Tramuntana* – weit geschwungene Hänge, voller Olivenbäumen, Wein und Obst. Die Straßen sind oft an beiden Seiten von hohen Mauern umgeben, um die wertvollen Plantagen zu schützen. Das ergibt für Autofahrer oft genug stressige Situationen, weil auf den meisten Strecken hier kaum zwei Autos aneinander vorbeifahren können – uns kann das jetzt egal sein.

Wir radeln in Richtung Santa Maria del Cami, fahren aber nicht in diesen Ort hinein, sondern kreuzen ihn geradewegs lediglich an seinen Ausläufern. Wir halten auf die winzige Ortschaft *Baix del Puig* zu, dann weiter Richtung *S'Esgleieta*, stoßen aber lange vorher auf die uns bereits bekannte Straße Bunyola – Palma, der wir links in die Stadt hinein folgen.

20

20 Von Port de Pollença zu den Höhlen von Campanet

Durch die lieblichen Täler des Nordostens

Anfahrt zum Ausgangsort
Busverbindungen von allen größeren Inselorten nach Palma. Züge von Inca

Rückfahrt zum Zielpunkt
Siehe Anfahrt

Radverleih
M. Blando Gil, Calle Manacor 25, ✆ 46 33 57, Comercial Cruellas, Arco de la Merced 7, ✆ 71 48 61

Übernachtungen unterwegs
Orient: L'Hermitage**** (aller Luxus – Tennis, Pool, Pferde – Carretera Sollerich, ✆ 61 33 00). Hostal de Muntanya** (Bordoy 6, kein ✆). Sehr einfach, aber auch sehr preiswert ist das Pilgerheim ganz oben auf dem Burgberg von *Alaró* (siehe Variante – ebenfalls ohne ✆)

Einkehrmöglichkeiten
Bunyola: Ses Porxeres (mallorquinische, verfeinerte Küche, Carretera Palma-Sóller, ✆ 61 37 62). Finca es Verger (unterhalb des *Castell d'Alaró*. Bodenständige mallorquinische Küche, siehe Variante).

Öffnungszeiten
Die Mauern des Castells können jederzeit besichtigt werden

Auskunft
Palma: Informationsbüros des Fremdenverkehrsamtes: Avinguda Rey Jaume III 10, ✆ 71 22 16. Plaça d'Espanya, ✆ 71 15 27. C/. Santo Domingo, ✆ 72 40 90. Alle Mo – Fr 9 – 14.30 und 15 – 20, Sa 9 – 13.30 Uhr. *Aeroporto Son Sant Juan* (Flughafen Palma, ✆ 26 08 03).

Karte
Firestone mapa turistico Mallorca. 1:125 000 (Stadtplan Palma auf der Rückseite), 655 Pts. An jedem Kiosk.
Falk-Plan (mit Stadtplan Palma). An vielen Kiosken (800 Pts.)

Variante
Wer den Fahrradsattel für ein paar Stunden verlassen möchte, ohne unter einem Olivenbaum auf der faulen Haut zu liegen, dem sei eine kleine Wanderung auf den Erlebnisberg Puig de Alaró empfohlen.

 Ausgangsort
Port de Pollença

 Zielpunkt und Rückfahrt
Port de Pollença

 Gesamttourenlänge
64 km

Durchschnittlicher Zeitbedarf
5 Std.

 Etappen
Port de Pollença – Pollença 10 km – Coves de Campanet 13 km – Campanet 2 km – Selva 7 km – Campanet 7 km – Pollença 15 km – Port de Pollença 10 km

Steigungen und Gefälle
125 Höhenmeter

 Struktur des Geländes
Liebliche Täler mit Bauernhöfen, Wiesen und Olivenhainen. Sanft geschwungene Kurven, einfaches Fahrradterrain

 Sehenswertes am Weg
Pollença: Römerbrücke, Altstadt, Kalvarienberg, ehemaliges Kloster *Nostra Senyora del Puig*, Dominikanerkloster *Convent Sant Domènec* mit dem berühmten Kreuzgang und der Marienstatue. *Campanet:* Tropfsteinhöhle.

Wegmarkierungen
Straßenwegweiser

 Günstigste Jahreszeit
Ganzjährig

Besondere Ausrüstung
Vor allem in der heißen Jahreszeit eine Jacke für die Höhle (konstante Temperatur unter der Erde: 18 – 19° C)

Empfehlenswerter Radtyp
Jeder

Von Port de Pollença zu den Höhlen von Campanet

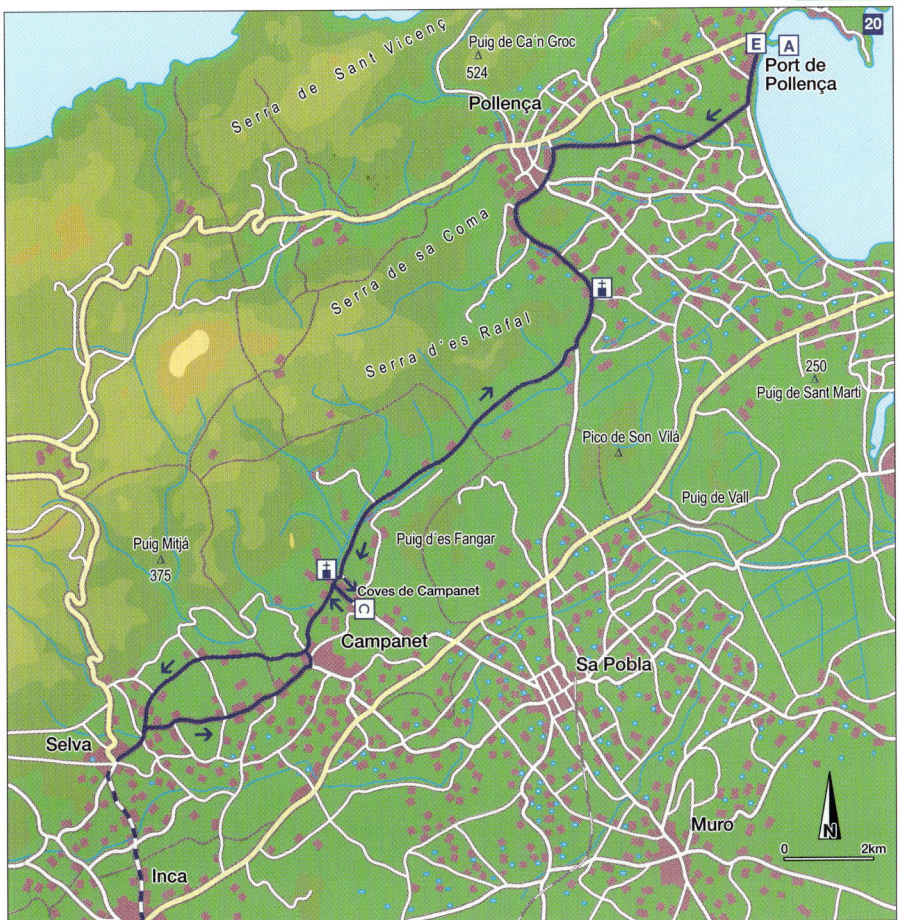

Von **Port de Pollença** nach **Pollença** fahren wir nicht auf der dichtbefahrenen Hauptstrecke, sondern auf Nebenrouten: am Hafen auf der Uferstraße C713 südlich Richtung **Alcúdia**, dann immer direkt am Meer entlang bis zu einer zweiten Abzweigung rechter Hand nach Pollença – eine schmale Straße zwischen Gärten und Olivenbäumen.
In **Pollença** ist es eigentlich noch zu früh für eine Rast, dafür gibt es hier viel zu sehen: eine **Römerbrücke**, das einzige noch intakte römische Bauwerk Mallorcas, eine geschlossene **Altstadt**, einen **Kalvarienberg**, zu dem eine Serpentinenstraße, aber auch 365 Stufen direkt aus der Altstadt hinaufführen, das ehemalige Kloster **Nostra Senyora del Puig** hoch oben auf dem Berg neben der Stadt (schmale Straßenauffahrt, fast zu steil, um zu radeln) und nicht zuletzt das Dominikanerkloster **Convent Sant Domènec** mit dem berühmten Kreuzgang und der Marienstatue.

20 Von Port de Pollença zu den Höhlen von Campanet

Die palmenbestandene Strandpromenade von Port de Pollença eignet sich vorzüglich zum Schlendern, Eisschlecken – und natürlich zum Radfahren.

Neben den Höhlen von Campanet steht das verträumte Kirchlein San Miguel.

Von Port de Pollença zu den Höhlen von Campanet 20

Wir verlassen dieses Städtchen auf der Straße Richtung *Palma*, biegen aber bereits nach 5 km (nach einem ziemlich verwitterten Schild »*Coves de Campanet*«) rechts ab. Durch ein liebliches Tal mit sanften Bergrücken zu beiden Seiten kommen wir zu den Höhlen, die fast direkt links von der Straße liegen. Hier können wir rasten – unter einer schattigen Pergola vor den Höhlen, wo man auch essen und trinken kann. Die **Tropfsteinhöhle** selbst ist in einer knappen halben Stunde besichtigt – keine Sensation, nicht so großartig wie die Höhlen an der Ostküste der Insel, dafür weniger überlaufen, fast familiär.

Nach erfolgter Besichtigung fahren wir wieder die paar Meter bis zur Straße nach Campanet zurück, dann links eben dorthin. Am rechten Straßenrand steht das verträumte Kirchlein San Miguel, dahinter, an der Auffahrt zu einem wunderschönen Landhaushotel (siehe Übernachtungsmöglichkeiten), eine frisch renovierte, malerische Windmühle – Fotoobjekt par excellence.

In *Campanet* fahren wir weiter Richtung *Selva*, gleich beim Ortsausgang allerdings rechts ab auf die kleine Asphaltstraße, ein Nebenweg dorthin – so kommen wir noch ein wenig näher an das Gebirge zu unserer Rechten heran.

Selva selbst ist ein kleines Landstädtchen mit einer schönen Pfarrkirche aus dem 14. Jh. und ein paar erfrischenden Bars – Halbzeit unserer Rundfahrt. Von hier geht es, diesmal auf der Hauptstrecke nach *Campanet*, sonst aber auf demselben Wege zurück nach *Port de Pollença*.

Anfahrt zum Ausgangsort
Mit dem Bus von Palma, Sóller, Alcúdia, Can Picafort und anderen Städten auch nach Port de Pollença

Rückfahrt zum Zielpunkt
Siehe Anfahrt

Radverleih
Bernardo Oliver, Carretera de Formentor 7, ✆ 53 11 52. Alonso Fernandez, Urbanización Uyal, ✆ 53 19 87

Übernachtungen unterwegs
Pollença: Hostal Juma* (Plaça Mayor 9, ✆ 53 00 07) und vor allem die einzigartige Pilgerherberge in der *Ermita Nostra Senyora del Puig* (ganzjährig geöffnet, alle Mahlzeiten, pro Übernachtung im Bett 800. Dusche 300 Pts., ✆ 53 02 35); siehe auch Tour 22.
Campanet: Monaber Nou***** (wunderschönes, einsam gelegenes Landhotel in einem alten Gutshof. Garten, Pool. Jan. geschl.

Einkehrmöglichkeiten
Pollença: Daus (verfeinerte mallorquinische Küche, direkt unterhalb des Kalvarienberges, Nov. u. Jan. teilw. sowie Di geschl., Escalonada Calvari 10, ✆ 53 28 67). El Font del Gall (mallorquinische und franz. Küche, Mo geschl., Plaça Font de Gall, ✆ 53 03 96). *Campanet:* Restaurant mit kleineren Speisen und Erfrischungen direkt an der Höhle

Öffnungszeiten
Pollença: Convent Sant Domènec tgl. 9–18 Uhr. *Campanet:* Höhlen tgl. nur mit Führung.

Auskunft
Port de Pollença – Associación de vicinos del Port de Pollença, Calle Miquel Capllonch s/n, ✆ 53 46 66. Pollença – Ayuntamiento, Calle Médico Lopis 1, ✆ 53 24 13

Karte
Falk-Plan Mallorca

Variante
In diese Tour läßt sich ein kleiner Einkaufsbummel einbauen – vorausgesetzt, auf den Rädern ist noch ein wenig Platz für Einkäufe: Von Selva nicht sofort wieder zurück, sondern in südlicher Richtung auf der Hauptstraße des Ortes nach *Inca* (4 km) – das ist die drittgrößte Stadt Mallorcas (20 000 Einwohner).

21 Von Port de Pollença zum Cap de Formentor

Berg- und Talfahrt zur zerklüfteten Nordostspitze

 Ausgangsort
Port de Pollença

 Zielpunkt und Rückfahrt
Port de Pollença

 Gesamttourenlänge
46 km

 Durchschnittlicher Zeitbedarf
7 Std.

 Etappen
Port de Pollença – Cala Pi 10 km – Cala Figuera 6 km – Cap de Formentor 7 km – Cala Figuera 7 km – Cala Pi 6 km – Port de Pollença 10 km

 Steigungen und Gefälle
1200 Höhenmeter

 Struktur des Geländes
Wildzerklüftete Halbinsel, schwindelerregend hohe Klippen, dazwischen zwei Sandstrände – Cala Pi und Cala Figuera. Nur hinter der Cala Pi etwas Pinienwald, sonst immer blanker Fels links und rechts der Straße

 Sehenswertes am Weg
Faro de Formentor, Leuchtturm am Kap

 Wegmarkierungen
Straßenwegweiser

 Günstigste Jahreszeit
Oktober – Mai

 Besondere Ausrüstung
Wasser und Sonnenschutz (unterwegs nur an der Cala Pi und am Ziel Einkehrmöglichkeiten, und so gut wie kein Schatten auf der ganzen Strecke)

Empfehlenswerter Radtyp
Schaltung mit mindestens 10 Gängen

Schon in *Port de Pollença* ist die gesamte Strecke ausgeschildert: »Cap de Formentor«. Diese Route wird von Einheimischen so gut wie gar nicht benutzt, da es auf ihr außer Felsen und Meer nicht viel zu sehen gibt – dafür aber von den Touristen um so mehr. An klaren Sommertagen ziehen ganze Mietwagenkarawanen über die engen Serpentinenstraßen, weshalb Radfahrer diese Strecke zu dieser Zeit meiden sollten – es macht einfach keinen Spaß, in grandiosester Natur von einer endlosen Blechlawine gejagt zu werden!
Von Port de Pollença schraubt sich die Straße rasch den Berg hinauf. Nach 4 km ist der erste Aussichtspunkt erreicht – **Mirador Es Colomer**. Eine Statue erinnert an den Ingenieur Antonio Parietti Colli, den Planer des kühnen Straßenbauwerks. Über einen Weg sind mehrere, gewagt auf den Fels gesetzte Aussichtsplattformen zu erreichen.
Danach geht es nochmal bergab, hinunter zur traumhaften **Cala Pí**, Sandstrand vor Pinien mit dem besten Luxushotel der Insel, dem immer noch mondänen *Playa Formentor* aus den 30er Jahren. Nun führt die Straße über eine waldige Paßhöhe hinüber auf die andere Seite der Halbinsel, wo sich der Blick über die **Cala Figuera** öffnet, einen kleinen Traum-Sandstrand tief unterhalb der Straße, der nur per pedes oder Boot erreichbar ist. Gleich dahinter geht die Straße durch einen Tunnel, unbeleuchtet und kühl tropfend – Vorsicht, daß Sie nicht von einem nachtblinden Autofahrer überrannt werden (gewarnt sei hier auch vor den Stufen, die direkt über dem Tunneleingang in den Stein gehauen sind; sie führen zu einem Aussichtspunkt hinauf, von dem aus man auch nicht mehr sieht als von der Straße; sie sind aber rutschig und nicht durch

Von Port de Pollença zum Cap de Formentor | 21

An der halsbrecherischen anmutenden Straße zum Cap de Formentor wimmelt es geradezu von spektakulären Ausblicken.

21 Von Port de Pollença zum Cap de Formentor

Die 365 Stufen des Kalvarienberges von Pollença werden nur von den härtesten Mountainbikern befahren – die anderen nehmen die sanft geschwungene Serpentinenstraße hinunter ins Ortszentrum von Pollença.

Von Port de Pollença zum Cap de Formentor 21

Handläufe oder Geländer gesichert – von daher hochgefährlich).
Die Straße schlängelt sich noch 7 km weit durch den Fels, bis sie endlich am **Faro de Formentor**, dem Leuchtturm auf der äußersten Nordostspitze der Insel, ankommt. Der Turm kann leider nur von außen besichtigt werden, doch die Sicht rundum ist ohnehin riesig. Ein Imbiß sorgt für kleine Erfrischungen und das notwendige Postkartenmaterial.
Über den Rückweg gibt es hier keine Diskussionen – in den blanken Fels rundum wurde eben nur eine einzige Straße gehauen.
Achten Sie nur darauf, nicht in den ärgsten nachmittäglichen Rückflutverkehr vom Kap zu kommen – nichts ist unangenehmer, als auf der engen Serpentinenstraße ständig drängelnde Bus- und Autokolonnen im Rücken zu spüren. Fahren Sie also entweder beizeiten ab (diese Möglichkeit eignet sich allerdings weniger für heiße Tage) oder verweilen Sie einfach bis gegen Sonnenuntergang – Sie werden eine traumhafte Rückfahrt erleben. Als »Aufenthaltsort« eignet sich da aber weniger die zugige und meist überfüllte Plattform neben dem Leuchtturm am Kap, sondern vielmehr die stille **Cala Figuera**. Zu der führt (vom Kap aus gesehen) direkt hinter dem Tunnel rechts ein Fußweg hinab. Hier lassen Sie die Räder am besten stehen – spätestens beim Rückweg vom Strand würden Sie es bitter bereuen, sie mitgenommen zu haben. Diese Auffahrt über spitzes Geröll schaffen nur die ausgefuchstesten Mountainbike-Spezialisten, keinesfalls aber Otto Normalradler. Haben Sie jedenfalls keine Bedenken, Ihre Räder (natürlich versperrt) oben an der Straße zurückzulassen – mit diebischen Attacken ist an dieser entlegenen Stelle der Insel kaum zu rechnen.

Anfahrt zum Ausgangsort
Mit dem Bus von Palma, Sóller, Alcúdia, Can Picafort und anderen Städten auch nach Port de Pollença

Rückfahrt zum Zielpunkt
Siehe Anfahrt

Radverleih
Bernardo Oliver, Carretera de Formentor 7, ✆ 53 11 52. Alonso Fernandez, Urbanización Uyal, ✆ 53 19 87

Übernachtungen unterwegs
Port de Pollença: Illa D'Or** (April–Okt., Paseo Colón 265, ✆ 53 11 00), Hostal Singala** (April – Okt., Trav. Carretera Formentor/Faro s/n, ✆ 53 15 55).
Cala Pi: Playa de Formentor***** (*das* Luxushotel Mallorcas, ✆ 86 53 00). Es Pas** (Juni – Sept., Urbanización Valgornera Nou, ✆ 66 77 18).

Einkehrmöglichkeiten
Port de Pollença: La Lonja del Pescado (Jan.– Febr. u. Mi geschl., Fisch, Dique Muelle s/n, ✆ 53 00 23). *Cala Pi:* einfaches Strandrestaurant während der Sommersaison. *Cap de Formentor:* Kiosk mit Erfrischungen und Snacks

Öffnungszeiten
Der Leuchtturm ist von außen immer zugänglich, kann allerdings nie bestiegen werden

Auskunft
Port de Pollença: Associación de vicinos del Port de Pollença, Calle Miquel Capllonch s/n, ✆ 53 46 66. *Pollença:* Ayuntamiento, Calle Médico Lopis 1, ✆ 53 24 13

Karte
Falk-Plan Mallorca

Variante
Wem diese Berg- und Talstrampelei noch nicht genug ist, der legt kurz nach Port de Pollença einen kleinen Abstecher zur *Punta de l'Avançada* und zum *Atalaya de Albercutx* ein – über die Stichstraße nach dem ersten Parkplatz nach rechts (Beschilderung). Das enge Sträßchen windet sich direkt vom Mirador Es Colomer in gewagter Hanglage steil bergan und endet vor dem kleinen Wachtturm, von dem aus man eine grandiose Sicht über die ganze Bucht von Pollença bis zum Cap d'es Pinar hat.

22

22 Von Sant Vicenç in die Ebene S'Albufera

Zwischen Stränden, Sümpfen und Windmühlenfeldern

 Ausgangsort
Sant Vicenç

 Zielpunkt und Rückfahrt
Sant Vicenç

 Gesamttourenlänge
69 km

 Durchschnittlicher Zeitbedarf
5 Std.

 Etappen
Sant Vicenç – Pollença 7 km – Alcúdia 11 km – Port d'Alcúdia 2 km – Lago Esperança 5 km – Sa Pobla 12 km – Buger 4 km – Campanet 3 km – Coves de Campanet 2 km – Pollença 14 km – Sant Vicenç 7 km

 **Steigungen und Gefälle**
250 Höhenmeter

Struktur des Geländes
Größtenteils landwirtschaftlich genutzte Ebene mit vielen Windmühlen, hinter der Bucht von Alcúdia die letzte nicht entwässerte Sumpflandschaft Mallorcas. Leicht gewelltes Hügelland lediglich zwischen Sant Vicenç und Pollença sowie im lieblichen Wiesental zwischen den Coves de Campanet und der Straße Pollença-Sa Pobla.

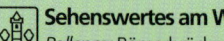 **Sehenswertes am Weg**
Pollença: Römerbrücke, Altstadt, Kalvarienberg, ehemaliges Kloster Nostra Senyora del Puig, Dominikanerkloster Convent Sant Domènec mit dem berühmten *Kreuzgang* und der Marienstatue. *Alcúdia:* römische Ausgrabungen Pollentia, Teatro Romano, Stadtmauer, Museu Monográfic de Pollentia, Pfarrkirche Sant Jaume. *Sa Pobla:* Plaça Major. *Campanet:* Tropfsteinhöhle.

 Wegmarkierungen
Straßenwegweiser

 Günstigste Jahreszeit
September–Juni

Besondere Ausrüstung
Sonnenschutz, Mückenschutzmittel für die sumpfige Ebene, außer im Winter bzw. in den heißesten Stunden der Hochsommertage

 Empfehlenswerter Radtyp
Jeder

Von **Sant Vicenç** gibt es nur eine Straße – die Bucht ist sonst von allen Seiten von Berg und Fels umschlossen. Diese Straße stößt bald auf die Verbindung Port de Pollença – Pollença, der wir nach rechts nach **Pollença** folgen. Hier gibt es viel zu sehen – kulturell ist das zusammen mit Palma und Artá die interessanteste Stadt der Insel: eine *Römerbrücke*, das einzige noch intakte römische Bauwerk Mallorcas, eine geschlossene *Altstadt*, einen *Kalvarienberg*, zu dem eine Serpentinenstraße, aber auch 365 Stufen direkt aus der Altstadt hinaufführen, das ehemaliges Kloster **Nostra Senyora del Puig** hoch oben auf dem Berg neben der Stadt (schmale Straßenauffahrt, fast zu steil um zu radeln) und nicht zuletzt das Dominikanerkloster **Convent Sant Domènec** mit dem berühmten Kreuzgang und der Marienstatue.

Von Pollença nehmen wir eine Nebenstraße nach Alcúdia – sie zweigt von der Stadtumfahrung der Straße Sa Pobla-Port de Pollença neben dem Hinweisschild »*Alcúdia*« rechts ab und führt zwischen Gärten und Olivenhainen direkt an die Bucht von **Alcúdia**. Dort fahren wir rechts in die Stadt hinein und können ein weiteres kunsthistorisches Highlight der Tour besichtigen: Hier befinden sich die einzigen nennenswerten römischen Ausgrabungen der Insel, nämlich die Reste der antiken Stadt *Pol-*

Von Sant Vicenç in die Ebene S'Albufera 22

Auf den saftigen Weiden des Tales von Sant Vicenç grasen Schafe, in den dunklen Wäldern graben Schweineherden genüßlich den Boden um.

22 Von Sant Vicenç in die Ebene S'Albufera

lentia mit dem *Teatro Romano*, sowie eine gut erhaltene mittelalterliche **Stadtmauer**, die informative historische Sammlung *Museu Monográfic de Pollentia* und die Pfarrkirche Sant Jaume. Von dort geht es weiter ins weniger historische als vielmehr nagelneue *Port d'Alcúdia*, Touristensiedlung direkt am Strand. Hinter dem (salzigen) See Lago Esperança biegen wir rechts auf die Straße nach Sa Pobla ab. Wir fahren jetzt durch **S'Albufera**, die letzte nicht trockengelegte Sumpfebene Mallorcas, Natur-, Vogel- und natürlich auch Mückenparadies. Hier sind an architektonischen Zeugnissen lediglich alte Windmühlen zu sehen.

In **Sa Pobla** lädt die Plaça zu Rast und Stärkung ein. Weiter geht es auf der mit »Inca« und »Palma« beschrifteten Straße, die bald auf die Verbindung Alcúdia – Palma stößt. Diese überqueren wir lediglich und radeln weiter nach *Campanet*, dort nach rechts zu den

Von Sant Vicenç in die Ebene S'Albufera 22

In der Bucht von Sant Vicenç sind die Wellen oft höher als an den weiten Stränden der Süd- und Ostküste.

22 Von Sant Vicenç in die Ebene S'Albufera

»**Coves de Campanet**«, den *Tropfsteinhöhlen*. Hier bietet sich wieder eine Pause an – unter einer schattigen Pergola vor den Höhlen, wo man auch essen und trinken kann. Die Höhle selbst ist in einer knappen halben Stunde besichtigt – keine Sensation, nicht so großartig wie die Höhlen an der Ostküste der Insel; dafür ist Campanet weniger überlaufen, sozusagen fast familiär. Danach fahren wir östlich, Richtung Küste, Richtung Pollença – durch ein liebliches Tal mit sanften Bergrücken zu beiden Seiten.

Auf der Hauptstraße geht es anschließend links nach Pollença und auf der Umfahrung um die Stadt herum zurück nach **Sant Vicenç**.

Anfahrt zum Ausgangsort
Mit dem Bus von mehreren Orten der Insel nach Pollença, von dort bis zu dreimal tgl. Anschluß nach Sant Vicenç

Rückfahrt zum Zielpunkt
Wie Anfahrt

Radverleih
Am Strand, nur während des Sommers. Mehr Ausleihmöglichkeiten in Port de Pollença (Uferpromenade) und Port d'Alcúdia (Hauptstraße)

Übernachtungen unterwegs
Pollença: Hostal Juma* (Plaça Mayor 9, ✆ 53 00 07) und vor allem die einzigartige Pilgerherberge in der Ermita Nostra Senyora del Puig (ganzjährig geöffnet, alle Mahlzeiten, pro Übernachtung im Bett 800, im mitgebrachten Schlafsack 600 Pts., Dusche 300 Pts., ✆ 53 02 35) auf einem direkt neben der Stadt stehenden, ganz einzeln stehenden steilen Bergklotz, von dem man einen herrlichen Blick auf die ganze Bucht von Pollença und die Halbinsel von Alcúdia hat.
Alcúdia: President*** (Mai – Okt., Ctra. de Aucanada s/n, ✆ 54 53 05), Hostal Mal Pas** (Mai – Okt., Playa Mal Pas, ✆ 54 51 43) und das einfache C'an Costa (Calle Sant Vicenç, 16, ✆ 54 53 94)
Port d'Alcúdia: Playa Esperanza*** (Mai – Okt., Carretera Alcúdia-Artá, ✆ 89 05 68), Pension Vista Alegre* (Via Vicealmirante Moreno 22, ✆ 54 69 77)
Campanet: Monaber Nou***** (wunderschönes, einsam gelegenes Landhotel in einem alten Gutshof. Garten, Pool. Jan. geschl.)

Einkehrmöglichkeiten
Pollença: Daus (verfeinerte mallorquinische Küche, direkt unterhalb des Kalvarienberges, Nov. u. Jan. teilw. sowie Di geschl., Escalonada Calvari 10, ✆ 53 28 67). El Font del Gall (mallorquinische und franz. Küche, Mo geschl., Plaça Font de Gall, ✆ 53 03 96).
Alcúdia: C'an Costa (Mo geschl., Calle Sant Vicenç 16, ✆ 54 53 94), Bon Aire (Mal Pas s/n, ✆ 54 61 43)
Port d'Alcúdia: Sa Bota (Vicealmirante Moreno 26, ✆ 54 50 72). Miramar (Dez.–Jan. geschl., Fisch, Vicealmirante Morena 4, ✆ 54 52 93)
Campanet: Restaurant mit kleineren Speisen und Erfrischungen direkt an der Höhle

Öffnungszeiten
Pollença: Convent Sant Domènec tgl. 9 – 18 Uhr.
Alcúdia: Ausgrabungsgelände Pollentia tgl. von Sonnenaufgang bis Sonnenuntergang. Museu Monográfic de Pollentia, Calle Sant Jaume 2, Di – So 10 – 13 u. 15 – 18 Uhr. Pfarrkirche Sant Jaume – Schlüssel im Pfarrhaus gegenüber.
Campanet: Höhlen tgl. nur mit Führung

Auskunft
Pollença: Ayuntamiento, Calle Médico Lopis 1, ✆ 53 24 13
Alcúdia: Info Ayuntamienta, Capitán Gual 11, ✆ 54 50 66
Port d'Alcúdia: Oficina Municipal de Información, Vicealmirante Moreno, 2, ✆ 54 63 71, Mo –Sa 9 – 13 und 17 – 20 Uhr

Karte
Falk-Plan Mallorca

Variante
Diese Tour läßt sich sehr gut mit der *Tour 23* (von Alcúdia zum Cap d'es Pinar) sowie mit der *Tour 2* (von Can Picafort bis zur Punta d'es Caló) verbinden – dazu bei S'Oberta nicht landeinwärts einbiegen, sondern auf dem Fahrradweg entlang der Küstenstraße C712 immer geradeaus weiterfahren und erst hinter Illa Ravena den Abzweig links nach Colònia de Sant Pere nehmen.

23 Von Port d'Alcúdia zum Cap d'es Pinar

Römische Ausgrabungen, eine katholische Wallfahrtskirche und maurische Wehrtürme

Ausgangsort
Port d'Alcúdia

Zielpunkt und Rückfahrt
Port d'Alcúdia

Gesamttourenlänge
34 km

Durchschnittlicher Zeitbedarf
3 Std.

Etappen
Port d'Alcúdia – Sa Bassa Blanca 3 km – Port d'Alcúdia 3 km – Alcúdia 3 km – Ermita de la Victoria 8 km – Sperrgebiet am Cap d'es Pinar 4 km – Alcúdia 12 km – Port d'Alcúdia 2 km

Steigungen und Gefälle
350 Höhenmeter

Struktur des Geländes
Bewaldete, stark hügelige Landzunge mit felsigem Untergrund. Immer wieder weite Aussichten auf die Buchten nördlich und südlich der Halbinsel. Bis zur Ermita de la Victoria dicht besiedeltes Gelände

Sehenswertes am Weg
Alcúdia: Römische Ausgrabungen, *Pollentia*, Teatro Romano, Stadtmauer, Museu Monográfic de Pollentia, Pfarrkirche Sant Jaume. *Ermita de la Victoria*: Fußgängertunnel, Wachttürme an der *Penya Rotja*

Wegmarkierungen
Straßenwegweiser, Wanderwegweiser

Günstigste Jahreszeit
September–Juni

Besondere Ausrüstung
Badesachen

Empfehlenswerter Radtyp
Schaltung mit mindestens 5 Gängen

Von Port d'Alcúdia unternehmen wir zuerst einen Abstecher auf die Südseite der Halbinsel – immer die nördliche Hauptstraße durch den Ort entlang, dann durch die Urbanisation Aucanada an die Landspitze **Punta de Sa Vinya** vor Sa Bassa Blanca. Der Felsküste gegenüber liegt die kleine, unbewohnte Insel **Illa S'Aucanada** mit ihrem automatischen Leuchtturm. Von dort geht es wieder zurück nach Port d'Alcúdia, hinter dem Ort rechts nach **Alcúdia**, das

Von den bizarren alten Befestigungsanlagen Penya Rotja hat man einen herrlichen Ausblick über das Cap d'es Pinar.

23 Von Port d'Alcúdia zum Cap d'es Pinar

Die Ausgrabungen der römischen Siedlung Pollentia direkt neben der (noch erhaltenen) Stadtmauer des mittelalterlichen Alcúdia sind die wichtigsten antiken Relikte der Insel.

kunsthistorische Highlight der Tour: Hier befinden sich gleich rechts vor der Ortseinfahrt die einzigen nennenswerten römischen Ausgrabungen der Insel, nämlich die Reste der antiken Stadt *Pollentia* mit dem *Teatro Romano*, sowie eine gut erhaltene mittelalterliche *Stadtmauer*, die informative historische Sammlung *Museu Monogràfic de Pollentia* und die Pfarrkirche *Sant Jaume*. Vor dem ersten Stadttor, das wir von Port d'Alcúdia kommend erreichen, folgen wir den Schildern »Ermita de la Victoria« nach rechts. Nach 6 km zwischen Ferienhäusern und Gärten zweigt rechts die Zufahrt zur Ermita ab – ein kurzes, kurvenreiches wie steiles Stück Straße (wir können die Räder, falls Schonung angesagt sein sollte, auch unten an der Kreuzung stehenlassen und zu Fuß hinaufspazieren).

In der **Ermita de la Victoria** interessiert uns vor allem die kleine Madonnenstatue auf dem Hauptaltar, die »Muttergottes des Sieges«: Zweimal war sie von türkischen Piraten im Kampf erbeutet und gestohlen worden, zweimal war sie aber – zuerst nur einen Tag, dann ein paar Jahre später – wieder auf ihrem Platz gestanden, wo wir sie noch heute bewundern können. Klar, daß die Piraten daraufhin von weiteren Angriffen auf die Kirche Abstand nahmen und daß die Madonna seit damals eines der beliebteren Pilgerziele der Insel ist. Jetzt rollen wir die wenigen Kurven zur Küstenstraße hinunter und setzen unsere Fahrt fort, soweit wir kommen: Die

Von Port d'Alcúdia zum Cap d'es Pinar 23

traumhaft ruhige Straße schlängelt sich zwischen Aleppokiefern am Hang hoch über dem Meer dahin, voller Schlaglöcher zwar, aber gänzlich unbefahren, wie vergessen. Bald erfahren wir den Grund: Vor einem Tunnel kommen Warnschilder, Verbotstafeln, Schranken: Militärisches Sperrgebiet, keine Durchfahrt zum Kap. Nichts zu machen – umgedreht und auf demselben Weg zurück zum Start!
Auf der Rückfahrt läßt sich gut in Alcúdia einkehren: Lassen Sie Ihre Räder an der Stadtmauer und schlendern Sie durch die engen Gäßchen – die sind selbst in der Hochsaison ruhig, da sich das Touristenleben dieses Inselteiles völlig auf Port d'Alcúdia konzentriert. Vor dem östlichen Stadttor, also direkt an der von der Ermita de la Victoria kommenden Einfahrt, finden Sie auf einem schattigen Platz mehrere Cafés und Restaurants. Anschließend geht es Richtung *Can Picafort* weiter zum »Hafen«.

A Anfahrt zum Ausgangsort
Von mehreren Orten der Insel bis Port d'Alcúdia, von Palma auch mit der Bahn bis Inca, dann mit dem Bus weiter.

R Rückfahrt zum Zielpunkt
Wie Anfahrt

Radverleih
Die beste Auswahl gibt es in *Port d'Alcúdia:* Bicicletas Reina, Calle Teodore Canet 27, ✆ 54 53 52; Notario Torres, Avingunda Tucan s/n., ✆ 54 62 49; Villamayor Ebro, Calle Lago Menor s/n., ✆ 54 81 14

Übernachtungen unterwegs
Alcúdia: President*** (Mai – Okt., Ctra. de Aucanada s/n, ✆ 54 53 05), Hostal Mal Pas** (Mai – Okt., Playa Mal Pas, ✆ 54 51 43) und das einfache C'an Costa (Calle Sant Vicenç, 16, ✆ 54 53 94)
Port d'Alcúdia: Playa Esperanza*** (Mai – Okt., Carretera Alcúdia-Artá, ✆ 89 05 68), Pension Vista Alegre* (Via Vicealmirante Moreno 22, ✆ 54 69 77)

Einkehrmöglichkeiten
Alcúdia: C'an Costa (Mo geschl., Calle Sant Vicenç 16, ✆ 54 53 94), Bon Aire (Mal Pas s/n, ✆ 54 61 43)
Port d'Alcúdia: Sa Bota (Vicealmirante Moreno 26, ✆ 54 50 72), Miramar (Dez.–Jan. geschl., Fisch, Vicealmirante Morena 4, ✆ 54 52 93)
Restaurant Mirador de la Victoria direkt in der *Ermita* (Mo Ruhetag, im Winter abends geschlossen).

Öffnungszeiten
Alcúdia: Ausgrabungsgelände Pollentia tgl. von Sonnenaufgang bis Sonnenuntergang. Museu Monográfic de Pollentia, Calle Sant Jaume 2, Di – So 10 – 13 u. 15 – 18 Uhr. Pfarrkirche Sant Jaume – Schlüssel im Pfarrhaus gegenüber.

i Auskunft
Alcúdia: Info Ayuntamienta, Capitán Gual 11, ✆ 54 50 66
Port d'Alcúdia: Oficina Municipal de Información, Vicealmirante Moreno 2, ✆ 54 63 71, Mo–Sa 9–13 und 17–20 Uhr

Karte
Falk-Plan Mallorca

Variante
Wer auf dieser Route den besonders schönen Ausblick sucht, der muß sein Rad ein Weilchen stehen lassen und zu Fuß weiterwandern. Die Räder bleiben an der Ermita de la Victoria. Dort beginnt unser Fußweg. Nach einer knappen halben Stunde geht in einer scharfen Rechtskurve nach links unser Pfad ab. Von nun an bewegen wir uns immer entlang der Küste, hoch über dem Wasser. An besonders steilen Stellen ist der Pfad durch ein paar zu Zäunen aufgestellten Hölzern abgesichert – dahinter geht es mehrere hundert Meter fast senkrecht in die Tiefe. Ein zuckerhutförmiger Wachtturm bildet den ersten Aussichtshöhepunkt der Wanderung: Von hier aus ginge es nur mehr an Kletterseilen weiter.
Von der *Penya Rotja* gehen wir auf dem gleichen Pfad wie auf dem Hinweg zurück, bei dessen Beginn steigen wir allerdings nicht rechts hinunter zur Ermita, sondern links hinauf zum Atalaya de Alcúdia (451 m) – wer hätte gedacht, daß sich der Blick von der Penya Rotja noch steigern ließe? (Dauer der Wanderung 2½ Stunden.)

24 Von Can Picafort bis Pollença

Entlang den Buchten von Alcúdia und Pollença

Ausgangsort
Can Picafort

Zielpunkt und Rückfahrt
Can Picafort

Gesamttourenlänge
61 km

Durchschnittlicher Zeitbedarf
6 Std.

Etappen
Can Picafort – Port d'Alcúdia 14 km – Alcúdia 2 km – Port de Pollença 9 km – Pollença 11 km – Sa Pobla 11 km – Can Picafort 14 km

Steigungen und Gefälle
150 Höhenmeter

Struktur des Geländes
Ebene Küstenlandschaft mit Pinienwäldern hinter langen Sandstränden. Leichte Steigungen nur zwischen Pollença und Sa Pobla. Sümpfe und Windmühlen im Hinterland von Can Picafort

Sehenswertes am Weg
Alcúdia: römische Ausgrabungen *Pollentia*, Teatro Romano, Stadtmauer, Museu Monográfic de Pollentia, Pfarrkirche Sant Jaume.
Pollença: Römerbrücke, Altstadt, Kalvarienberg, ehemaliges Kloster *Nostra Senyora del Puig*, Dominikanerkloster *Convent Sant Domènec* mit dem berühmten Kreuzgang und der Marienstatue.
Sa Pobla: Plaça Major.

Wegmarkierungen
Straßenwegweiser

Günstigste Jahreszeit
Ganzjährig (in den Sommermonaten nicht während der heißesten Tageszeit)

Besondere Ausrüstung
Sonnenschutz, Mückenschutz vor allem an Frühlings- und Sommerabenden für die sumpfige Ebene hinter Can Picafort

Empfehlenswerter Radtyp
Jeder

Can Picafort verlassen wir auf der Hauptstraße Richtung Norden, nach **Port d'Alcúdia**. Dort angekommen ist kaum ein Unterschied zu Can Picafort zu bemerken – ein Hotelblock neben dem anderen, dazwischen die üblichen Läden. Interessanter wird es in **Alcúdia**, 2 km weiter nördlich, beim ersten kunsthistorischen Highlight der Tour: Hier befinden sich gleich rechts vor der Ortseinfahrt die einzigen nennenswerten römischen Ausgrabungen der Insel, nämlich die Reste der antiken Stadt **Pollentia** mit dem **Teatro Romano**, sowie eine gut erhaltene mittelalterliche **Stadtmauer**, die informative historische Sammlung **Museu Monográfic de Pollentia** und die Pfarrkirche **Sant Jaume**. Noch in Alcúdia fahren wir hinter der

Von Can Picafort bis Pollença 24

Die Einmündung der Nebenstraße nach Pollença in die Küstenstraße zwischen Alcúdia und Port de Pollença ist leicht zu übersehen – zu schön ist die himmelblaue Bucht direkt an der rechten Straßenseite!

Altstadt nicht geradeaus, sondern rechts Richtung Port de Pollença – immer ganz dicht an unverbautem Strand entlang, jederzeit bereit, ins kühlende Naß zu springen. An einer kleinen Einmündung 5 km nach der Stadt geht es links auf einer schmalen Straße zwischen Gärten und Olivenhainen nach **Pollença**.
Auch hier gibt es viel zu sehen – kulturell ist das zusammen mit Palma und Artá die interessanteste Stadt der Insel: eine *Römerbrücke*, das einzige noch intakte römische Bauwerk Mallorcas, eine geschlossene *Altstadt*, einen *Kalvarienberg*, zu dem eine Serpentinenstraße, aber auch 365 Stufen direkt aus der Altstadt hinaufführen, das ehemaliges Kloster **Nostra Senyora del Puig** hoch oben auf dem Berg neben der Stadt (schmale Straßenauffahrt, fast zu steil, um zu radeln) und nicht zuletzt das Dominikanerkloster **Convent Sant Domènec** mit dem berühmten Kreuzgang und der Marienstatue.
Pollença verlassen wir südlich auf der breiten Straße nach *Palma*; beim Kreisverkehr nach 11 km fahren wir aber ge-

24 Von Can Picafort bis Pollença

radeaus nach *Sa Pobla* weiter – jetzt sind wir im Hinterland der Küste, in **S'Albufera**, einem verträumten Sumpfgebiet.
In **Sa Pobla** ist nichts von Tourismus zu merken – das ist ein verschlafenes Landstädtchen wie so viele andere auf Mallorca auch. Dort halten wir uns links auf der Straße direkt nach **Can Picafort**, vorbei an etlichen Windmühlen, links Sumpf, rechts Felder und Weiden, und vor uns der endlose Strand.

Anfahrt zum Ausgangsort
Busse von Palma, Pollença, Alcúdia, Artá und anderen Städten mehrmals tgl.

Rückfahrt zum Zielpunkt
Wie Anfahrt

Radverleih
Zahlreiche Möglichkeiten an der Hauptstraße von Can Picafort, und Automóvils J. Celia, Paseo Colón 128, ✆ 52 72 20 oder David Moyse, C. Isaac Peral 94, ✆ 52 77 42

Übernachtungen unterwegs
Can Picafort: Tonga Sol*** (Mai–Okt., Carretera Artá-Alcúdia, ✆ 85 00 00). Sol*** (Mai – Okt., Avenida Jaime I, ✆ 85 02 21). Galaxia* (April – Okt., Avenida Colón 48, ✆ 52 71 29). Campingplatz Platja Blava südlich der Uferstraße (landeinwärts) gelegen, ✆ 53 78 63
Alcúdia: President*** (Mai – Okt., Ctra. de Aucanada s/n, ✆ 54 53 05), Hostal Mal Pas** (Mai – Okt., Playa Mal Pas, ✆ 54 51 43) und das einfache C'an Costa (Calle Sant Vicenç, 16, ✆ 54 53 94)
Port d'Alcúdia: Playa Esperanza*** (Mai – Okt., Carretera Alcúdia-Artá, ✆ 89 05 68), Pension Vista Alegre* (Via Vicealmirante Moreno 22, ✆ 54 69 77)
Port de Pollença: – Illa D'Or** (April – Okt., Paseo Colón 265, ✆ 53 11 00), Hostal Singala** (April – Okt., Trav. Carretera Formentor/Faros/n, ✆ 53 15 55).
Pollença: Hostal Juma* (Plaça Mayor, 9, ✆ 53 00 07) und vor allem die einzigartige Pilgerherberge in der Ermita Nostra Senyora del Puig (ganzjährig geöffnet, alle Mahlzeiten, pro Übernachtung im Bett 800, im mitgebrachten Schlafsack 600 Pts., Dusche 300 Pts., ✆ 53 02 35).

Einkehrmöglichkeiten
Can Picafort: Juan Mandilego (Dez.–Jan. u. Mo geschl., Fisch, Calle Isabel Garau 49, ✆ 85 00 89).
Port d'Alcúdia: Sa Bota (Vicealmirante Moreno 26, ✆ 54 50 72). Miramar (Dez.–Jan. geschl., Fisch, Vicealmirante Morena 4, ✆ 54 52 93)
Alcúdia: C'an Costa (Mo geschl., Calle Sant Vicenç 16, ✆ 54 53 94), Bon Aire (Mal Pas s/n, ✆ 54 61 43)
Port de Pollença: La Lonja del Pescado (Jan.– Febr. u. Mi geschl., Fisch, Dique Muelle s/n, ✆ 53 00 23).
Pollença: Daus (verfeinerte mallorquinische Küche, direkt unterhalb des Kalvarienberges, Nov. u. Jan. teilw. sowie Di geschl., Escalonada Calvari 10, ✆ 53 28 67). El Font del Gall (mallorquinische und franz. Küche, Mo geschl., Plaça Font de Gall, ✆ 53 03 96).

Öffnungszeiten
Alcúdia: Ausgrabungsgelände Pollentia tgl. von Sonnenaufgang bis Sonnenuntergang. Museu Monográfic de Pollentia, Calle Sant Jaume 2, Di–So 10–13 u. 15–18 Uhr. Pfarrkirche Sant Jaume – Schlüssel im Pfarrhaus gegenüber.
Pollença: Convent Sant Domènec tgl. 9–18 Uhr.

Auskunft
Can Picafort: Oficina Municipal de Turismo, Plaça del Ingeniero Gabriel Roca, ✆ 85 03 10.
Port d'Alcúdia: Oficina Municipal de Información, Vicealmirante Moreno 2, ✆ 54 63 71, Mo–Sa 9–13 und 17–20 Uhr
Alcúdia: Info Ayuntamienta, Capitán Gual 11, ✆ 54 50 66
Port de Pollença: Associación de vicinos del Port de Pollença: Calle Miquel Capllonch s/n, ✆ 53 46 66.

Karte
Falk-Plan Mallorca

Variante
Die Route läßt sich sehr gut mit der ohnehin sehr kurzen, gemütlichen *Route 23* (von Alcúdia bis zum Cap d'es Pinar) verbinden – oder südlich mit der *Route 2* (von Colònia de Sant Pere zur Punta d'es Caló).
Nördlich bietet sich ab der Straße von Port de Pollença nach Pollença ein Abstecher zur *Cala de Sant Vicenç* an (Länge dieses Umweges 8 km).

25 Von Palma bis Can Picafort

Quer durch die Zentralebene Mallorcas

 Ausgangsort
Palma

 Zielpunkt und Rückfahrt
Can Picafort

 Gesamttourenlänge
55 km

 Durchschnittlicher Zeitbedarf
4 Std.

 Etappen
Palma – Son Ferriol 8 km – Sinéu 26 km – Santa Margalida 12 km – Can Picafort 9 km

 Steigungen und Gefälle
150 Höhenmeter

 Struktur des Geländes
Landwirtschaftlich genutzte Ebene auf der gesamten Strecke, lediglich zwischen Santa Eugènia und María de la Salut sanftes Hügelland mit wenigen, meist weit ausladenden Steigungen und Gefällen

 Sehenswertes am Weg
Sinéu: Pfarrkirche, Innenstadt, Tiermarkt. *María de la Salut:* Kirche Nostra Senyora de la Salut

 Wegmarkierungen
Straßenwegweiser

 Günstigste Jahreszeit
September – Juni

 Besondere Ausrüstung
Sonnenschutz

 **Empfehlenswerter Radtyp**
Jeder

Der große Markt von Sinéu bietet nicht nur Touristenfolklore, sondern auch Einblick in den Handel der mallorquinischen Landbevölkerung.

Palma verlassen wir anfangs auf der Straße nach *Artá/Cala Rajada*, der C715: Von der Kathedrale am Meer entlang Richtung S'Arenal, aber gleich links über den Boulevardring, die *Avenguda Gabriel Aiomar* um die Innenstadt herum, an der vierten großen Kreuzung rechts durch die *Calle de Manacor*. Am Kreisverkehr oberhalb der Stadtautobahn dann schräg rechts ab auf die kleine Straße nach Sinéu. Wir fahren durch leicht gewelltes, landwirtschaftliches Gebiet – links und rechts der Straße stehen viele Windmühlen, viele davon sind leider schon ziemlich verfallen.
In *Sinéu* ist jeden Mittwoch *Markt* – eine bunte Mischung aus Touristenat-

25 Von Palma bis Can Picafort

Das Landstädtchen Maria de la Salut steht mit seiner Kirche Nostra Senyora mitten in Oliven- und Mandelhainen.

traktion und ländlicher Zusammenkunft. Die engen Straßen des alten Städtchens bersten dann vor Menschen, Tieren und Automobilen. Wir lassen unsere Räder am besten ein wenig außerhalb stehen und schieben uns zu Fuß durch das Gedränge. Nach dem Marktbesuch können wir in einem der zahlreichen Markt-

Von Palma bis Can Picafort

restaurants ein kräftiges Mittagsmahl einnehmen.
Danach radeln wir über **Maria de la Salut** (schöne Kirche *Nostra Senyora de la Salut*) weiter nach Santa Margalida. Das kleine Landstädtchen finden wir meist still vor sich hin dösend vor – geschlossene Fensterläden, leere Straßen, ein paar dunkle Läden mit Waren des täglichen Bedarfs, eine stille Bar, einige trübe Schaufenster. Hier, nur 8 km hinter der Küste, hinter Can Picafort, ist nichts mehr zu spüren von hektischer Touristenbetriebsamkeit, nichts mehr von der Goldgräberstimmung jenes Ferienortes.
Sehenswert ist die massige *gotische Pfarrkirche von Santa Margalida* (1232), allein schon wegen des weiten Blickes über die Ebene, den man vom schattigen Kirchenvorplatz genießen kann. Von hier sind es nur mehr wenige Kilometer in den Trubel von *Can Picafort*.

Anfahrt zum Ausgangsort
Busse von allen größeren Orten nach Palma. Züge von Inca und Sóller.

Rückfahrt zum Zielpunkt
Wie Anfahrt

Radverleih

Palma: M. Blando Gil, Calle Manacor 25, ✆ 46 33 57; Comercial Cruellas, Arco de la Merced 7, ✆ 71 48 61

Übernachtungen unterwegs

Palma: Borne*** (in einem renovierten Renaissancepalast, Calle Sant Jaume 3, ✆ 71 29 42). Meliá Victoria***** (Meeresblick, Paseo Marítimo/Avinguda Joan Miró 21, ✆ 73 25 42). San Lorenzo**** (kleines, edles Haus mitten in der Altstadt, Calle San Lorenzo 6, ✆ 72 82 00).
Auf der Strecke kaum Übernachtungsmöglichkeiten.
Can Picafort: Tonga Sol*** (Mai – Okt., Carretera Artá-Alcúdia, ✆ 85 00 00). Sol*** (Mai – Okt., Avenida Jaime I, ✆ 85 02 21). Galaxia* (April – Okt., Avenida Colón 48, ✆ 52 71 29). Campingplatz Platja Blava südlich der Uferstraße (landeinwärts) gelegen, ✆ 53 78 63

Einkehrmöglichkeiten

Palma: La Lubina (Fisch, Sommerterrasse am Hafen, Muelle Viejo, ✆ 72 33 50). Koldo Royo (Sa mittags u. So geschl., Nouvelle Cuisine auf spanisch, Passeig Marítim 3, ✆ 73 24 35). El Parlament (So geschl., mallorquinische Küche auf höchstem Niveau, Calle Conquistador 11, ✆ 72 60 26).
Sinéu: mehrere einfache Restaurants rund um den Marktplatz.
Can Picafort: Juan Mandilego (Dez.–Jan. u. Mo geschl., Fisch, Calle Isabel Garau 49, ✆ 85 00 89).

Öffnungszeiten
Sinéu: Markttag ist jeweils Mittwoch, von frühmorgens bis längstens 14, 15 Uhr

Auskunft

Palma: Informationsbüros des Fremdenverkehrsamtes: Avinguda Rey Jaume III 10, ✆ 71 22 16. Plaça d'Espanya, ✆ 71 15 27. C/. Santo Domingo, ✆ 72 40 90. Alle Mo–Fr 9 – 14.30 und 15 – 20, Sa 9 – 13.30 Uhr. Aeroporto Son Sant Juan (Flughafen Palma), ✆ 26 08 03.
Can Picafort: Oficina Municipal de Turismo, Plaça del Ingeniero Gabriel Roca, ✆ 85 03 10

Karte
Firestone mapa turistico Mallorca. 1:125 000 (Stadtplan Palma auf der Rückseite), 655 Pts. An jedem Kiosk.
Falk-Plan Mallorca (mit Stadtplan Palma). An vielen Kiosken (800 Pts.).

Variante
Von Sinéu aus bietet sich ein kleiner Abstecher auf einen nahegelegenen Aussichtsberg an, um sich einen Überblick über die Zentralebene zu verschaffen: Zu diesem Zweck fahren wir von Sinéu in südöstlicher Richtung in die nächste Ortschaft, nach *Petra*, und von dort auf das *Santuari de Nostra Senyora de Bonany*, eines der schönsten Klöster der Insel. Von dem nur mehr ein paar Minuten entfernten, lediglich zu Fuß erreichbaren 317 m hohen »Gipfel« haben wir einen wunderbaren Rundblick über fast ganz Mallorca (Länge des Umweges 32 km).

26 Von Palma bis Cala Rajada

Durch die Zentralebene und über die Serra de Artá

 Ausgangsort
Palma

 Zielpunkt und Rückfahrt
Cala Rajada

 Gesamttourenlänge
87 km

 Durchschnittlicher Zeitbedarf
6½ Std.

 Etappen
Palma – Son Ferriol 8 km – Sinéu 26 km – Petra 11 km – Ses Pastores 20 km – Artá 10 km – Capdepera 8 km – Cala Rajada 4 km

 Steigungen und Gefälle
350 Höhenmeter

 Struktur des Geländes
Landwirtschaftlich genutzte Ebene auf der gesamten Strecke, lediglich zwischen Santa Eugènia und María de la Salut sowie zwischen Ses Pastores und Capdepera Hügelland mit Feldern, Weiden und kleinen Wäldchen. Längerer Anstieg/Gefälle vor/nach Capdepera

 Sehenswertes am Weg
Sinéu: Pfarrkirche, Innenstadt, Tiermarkt.
Petra: Geburtshaus Juníper Serras, des berühmten, weitgereisten Franziskanerpaters (Museum), Pfarrkirche Sant Pere (1724) mit sechseckigem Glockenturm. *Capdepera:* Castell aus der Römer- bzw. Araberzeit. *Artá:* Besichtigung der Altstadt, des maurischen Castells, des *städtischen Museums* und der *Talaiots Ses Paises*, Ausgrabungen eines »Königspalastes«.

 Wegmarkierungen
Straßenwegweiser

 Günstigste Jahreszeit
Oktober – Mai

 Besondere Ausrüstung
Sonnenschutz

 Empfehlenswerter Radtyp
Schaltung mit 3–5 Gängen

Palma verlassen wir anfangs auf der Straße nach *Artá/Cala Rajada*, der C715: Von der Kathedrale am Meer entlang Richtung S'Arenal, aber gleich links über den Boulevardring, die *Avenguda Gabriel Aiomar* um die Innenstadt herum, an der vierten großen Kreuzung rechts durch die *Calle de Manacor*. Am Kreisverkehr oberhalb der Stadtautobahn dann schräg rechts ab auf die kleine Straße nach *Sinéu*. Wir fahren durch leicht gewelltes, landwirtschaftliches Gebiet – links und rechts der Straße stehen viele Windmühlen, viele davon sind leider schon ziemlich verfallen.

In *Sinéu* ist jeden Mittwoch *Markt* – eine bunte Mischung aus Touristenattraktion und ländlicher Zusammenkunft. Die engen Straßen des alten Städtchen bersten dann vor Menschen, Tieren und Automobilen. Wir lassen unsere Räder am besten ein wenig außerhalb stehen und schieben uns zu Fuß durch das Gedränge. Nach dem Marktbesuch können wir in einem der zahlreichen Marktrestaurants ein kräftiges Mittagsmahl einnehmen.

Von Sinéu geht es nach rechts weiter über *Petra* (sehenswert: Das *Geburtshaus Juníper Serras*, des weitgereisten Franziskanerpaters, mit einem kleinen Museum, die Pfarrkirche *Sant Pere* aus dem Jahre 1724 mit sechseckigem Glockenturm) nach Artá (geradewegs durch Petra durchfahren, bei Ses Pastores an der C712 rechts nach Artá abbiegen).

Danach geht es durch sanft gewelltes Hügelland bis *Artá*, einer schon von der Ferne ins Auge stechenden, stolz auf einem Hügel thronenden mittelalterlichen

Von Palma bis Cala Rajada 26

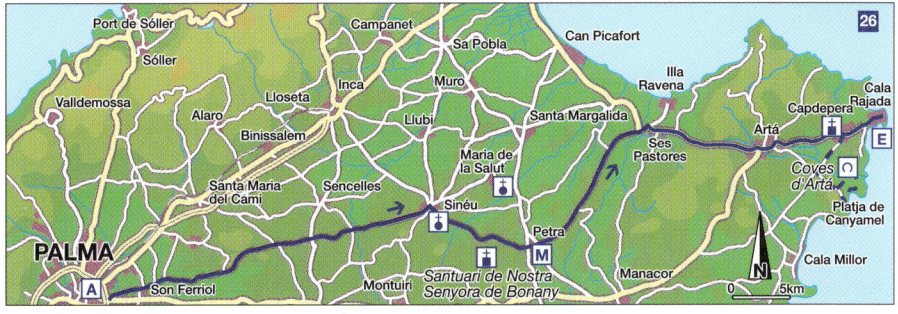

Cala Rajada ist ein vor allem von deutschen Familien frequentierter Urlaubsort mit vielen kleinen, klaren Buchten.

Stadt. Diese wird wiederum von einer ganz richtigen Burg mit Zinnen und Türmchen überragt, einem maurischen *Castell*, sowie von einem *Kalvarienberg* und der mächtigen Wehrkirche, der heutigen Pfarrkirche *Transfiguració del Senyor*. In der Nähe des alten Bahnhofes (heute verkehren hierher keine Züge mehr) sind die *Talaiots Ses Paises*, Ausgrabungen eines »Königspalastes«, zu finden. Artá stellt neben Palma das kulturhistorische Zentrum der Insel dar. Von Artá geht es etwas hügelig bergauf und bergab nach **Capdepera**; wer hier

26 Von Palma bis Cala Rajada

Die Windmühle ist längst ein Symbol für Mallorca, auch wenn heute keine mehr im ursprünglichen Sinne genutzt wird – die oft elegant wirkenden Mühlen dienen wie die in Santa Eugenia heute vor allem als Wohnraum oder ländlicher Blickfang.

Von Palma bis Cala Rajada

im Sommer während des Tages unterwegs ist, wird ziemlich ins Schwitzen kommen. Immerhin bietet Capdepera den Rastenden einiges an Abwechslung, Erholung und Erbauung: In den engen Gäßchen läßt es sich angenehm schlendern, auf der Plaça gut in Haus- und Baumschatten auf Kaffeehausterrassen sitzen. Wer sich noch ein wenig mehr betätigen möchte, der steigt hinter der Plaça (Beschilderung) zum römischen (oder arabischen? – das ist nicht ganz geklärt) *Castell* hinauf, das hoch über der Stadt thront.

Hinter Capdepera geht es nur noch bergab – 4 km bis zum Badeort **Cala Rajada**.

 Anfahrt zum Ausgangsort
Busse von allen größeren Orten nach Palma. Züge von Inca und Sóller.

 Rückfahrt zum Zielpunkt
Wie Anfahrt

 **Radverleih**
Palma: M. Blando Gil, Calle Manacor 25, ✆ 46 33 57; Comercial Cruellas, Arco de la Merced 7, ✆ 71 48 61

Übernachtungen unterwegs
Palma: Borne*** (in einem renovierten Renaissancepalast, Calle Sant Jaume 3, ✆ 71 29 42). Meliá Victoria***** (Meeresblick, Paseo Marítimo/Avinguda Joan Miró 21, ✆ 73 25 42). San Lorenzo**** (kleines, edles Haus mitten in der Altstadt, Calle San Lorenzo 6, ✆ 72 82 00).
Auf der Strecke kaum Übernachtungsmöglichkeiten.
Viele Hotels in *Cala Rajada:* z.B. an der Cala Agulla (span.: Guya): Bella Playa*** (April – Okt., Avinguda de la Agulla, 125, ✆ 56 30 50). Es Vinyet*** (April – Okt., C/. Mateo y Catalina 1, ✆ 56 55 51). An der Platja Son Moll: Serrano** (ganzjährig, ✆ 56 33 50). Bei Benutzung der Variante: Camping Club San Pedro, Cala des Camps, Colònia de Sant Pere, ✆ 58 90 23 (April – Sept.).

Einkehrmöglichkeiten
Palma: La Lubina (Fisch, Sommerterrasse am Hafen, Muelle Viejo, ✆ 72 33 50). Koldo Royo (Sa mittags u. So geschl., Nouvelle cuisine auf spanisch, Passeig Marítim 3, ✆ 73 24 35). El Parlament (So geschl., mallorquinische Küche auf höchstem Niveau, Calle Conquistador 11, ✆ 72 60 26).
Unzählige Restaurants in *Cala Rajada* (empfehlenswert: Acuarium, beim Hafen; *Son Moll* (besonders zu empfehlen: Restaurante Ca'n Pere, Avda. América 34 – an der Uferpromenade, das einzige zwischen Straße und Meer).

In *Artá* das Restaurant Can Faro (Calle Mestral 4, zwischen Bahnhof und Rathaus, tgl. außer Fr abends und Sa mittags).

Öffnungszeiten
Sinéu: Markttag ist jeweils Mittwoch, von frühmorgens bis längstens 14, 15 Uhr
Petra: Museo del Padre Serra, C/. Barracar Ecke C/. Fray Junípero Serra (Schlüssel im Haus Nr. 6), tgl. 9–13 u. 15.30–18 Uhr
Capdepera: Castell im Sommer tgl. 10–13 u. 16–19 Uhr, im Winter 10–13 u. 15–17 Uhr
Artá: Castell tgl. 10–18 Uhr, Museum/Artá: C/. Rafael Blanes 8, Mo–Fr 10–12 Uhr, Ses Paises/Artá: Immer zugänglich.
Coves d'Artá: Sommer tgl. 10–19, Winter 10–17 Uhr. ✆ 56 32 93. Eintritt 900 Pts, Führungen alle 30 Min. (Dauer 35–40 Min.)

Auskunft
Palma: Informationsbüros des Fremdenverkehrsamtes: Avinguda Rey Jaime III 10, ✆ 71 22 16. Plaça d'Espanya, ✆ 71 15 27. C/. Santo Domingo, ✆ 72 40 90. Alle Mo – Fr 9–14.30 und 15–20, Sa 9–13.30 Uhr. Aeroporto Son Sant Juan (Airport), ✆ 26 08 03.
Cala Rajada: Oficina de Información Turística, Plaça dels Pins (Pavillon in der Platzmitte, ✆ 56 30 33 (Mo–Fr 11–13.30 und 16–19 Uhr)

Karte
Falk-Plan Mallorca

 Variante
Einmal in Cala Rajada angekommen, gehören die Tropfsteinhöhlen von Artá, die *Coves d'Artá*, fast zum Pflichtprogramm. Wir fahren die Hauptstrecke bis Capdepera zurück (oder biegen direkt dort ab) – südlich Richtung Portocristo, allerdings nur bis zur nächsten Abzweigung nach links (4 km), die mit »Coves d'Artá« bezeichnet ist (von da noch 5 km).

27 Von S'Arenal bis Cala Figuera

Quer durch die Ebenen des Südostens

 Ausgangsort
S'Arenal

 Zielpunkt und Rückfahrt
Cala Figuera

 Gesamttourenlänge
59 km

 Durchschnittlicher Zeitbedarf
4 Std.

 Etappen
S'Arenal – Sa Torre 14 km – Capocorb Vell 7 km – Vernissa 7 km – Ses Salines 17 km – Santanyi 8 km – Cala Figuera 6 km

 Steigungen und Gefälle
100 Höhenmeter

 Struktur des Geländes
Landwirtschaftliche Ebene, Salzfelder hinter Ses Salines, Weiden und Dünen. Kiefernwäldchen hinter Cala Figuera

 Sehenswertes am Weg
Capocorb Vell: Talaiot (Megalithsiedlung). *Salinen* hinter Ses Salines. *Santanyi*: Pfarrkirche Sant Andrés Apóstol mit einer Orgel von Jordi Bosch, Pfarrhaus, Stadttor *Porta Murada*

 Wegmarkierungen
Straßenwegweiser

 Günstigste Jahreszeit
September–Juni

 Besondere Ausrüstung
Sonnenschutz

 Empfehlenswerter Radtyp
Jeder

Schafe auf blumenübersäten Wiesen – ein typisches Bild im mallorquinischen Frühling.

In *S'Arenal* starten wir auf irgendeiner der küstenparallelen Straßen südwärts, um so unvermeidlich auf die Hauptstraße nach *Cala Blava* zu stoßen. Nach der Erklimmung eines ersten Hügels sind die Hochhausschluchten der Badestadt hinter uns – und vor uns noch ein paar einzelne kleine Urbanisationen, ansonsten Olivenbäume und Kuhweiden. Hinter *Cala Blava* (an dem wir landeinwärts vorbeifahren) sind schließlich nur mehr Gestrüpp, Weideland und Schafe zu sehen – nach einer halben Stunde Fahrtzeit aus S'Arenal. Die wenigen Ur-

Von S'Arenal bis Cala Figuera 27

Die Landstraßen abseits der touristischen Zentren bieten fast immer ein Bild der Ruhe und Abgeschiedenheit.

27 Von S'Arenal bis Cala Figuera

banisationen an der Küste sind von der Straße aus überhaupt nicht zu sehen. Am **Cap Blanc**, das ein paar hundert Meter rechts von der Route liegt, ist vom *Leuchtturm* aus nichts als Felsküste und Meer zu sehen – hier gibt es einfach keine Strände, also sind auch kaum Touristen unterwegs. Wir folgen der Straße bis zum kleinen Ort **Capocorb Vell**, in dem wir den Schildern »**Talaiot**« nach rechts folgen – zu einer der am besten erhaltenen Megalithsiedlungen Mallorcas, wo noch Reste von Wohnhäusern, Wachttürmen und anderen Mauern sowie einiges an Werkzeugen zu bestaunen sind.

Nach der kurzen Besichtigung fahren wir um die Ausgrabung herum auf die Straße nach *Ses Salines*, zwischen Windmühlen, flachen Weiden und Feldern. Rechter Hand liegen dahinter die **Salines de Llevant**, unendlich weite Salzgärten. Die gut haushohen Salzberge glitzern schon aus der Ferne, dazwischen die Wasserbecken mit ihren salzverkrusteten Rändern. Machen Sie beim Salinengebäude einen kleinen Abstecher nach links zu den Becken mit dem brackigen Salzwasser, doch achten Sie darauf, wohin Sie treten – die dünnen Wände zwischen den Becken sind oft feucht, rutschig oder morsch. Das Betreten der Salinen selbst ist ohnehin verboten, doch von den kleinen Hügeln an deren Rande hat man einen guten Ausblick auf die Anlage. Hier sind Abertausende verschiedenster Vögel, vor allem Wasservogelarten, zu beobachten.

Über **Santanyi** (sehenswert: die Pfarrkirche *Sant Andrés Apóstol* mit einer Orgel von Jordi Bosch und Pfarrhaus sowie das guterhaltene Stadttor *Porta Murada*) kommen wir zur *Cala Figuera* (in Santanyi rechts abbiegen).

A Anfahrt zum Ausgangsort
Stadtbusse von Palma nach S'Arenal, Überlandbusse von vielen Orten Mallorcas, oder über Palma/Stadtbus (Abfahrt an der Kathedrale, Avinguda Antonio Maura)

R Rückfahrt zum Zielpunkt
Wie Anfahrt

Radverleih
Unzählige Möglichkeiten in S'Arenal

Übernachtungen unterwegs
Portopetro: Portopetro* (April – Okt., Cristóbal Colón 18, ✆ 65 70 02, Hostal Nereida** (April–Okt., Patrons Martina 34, ✆ 65 72 23)
Cala Figuera: Hotel Cala Figuera** (Mai – Okt., Tomarinar 30, ✆ 64 52 51), Hostal Villa Sirena* (April – Okt., Cala Figuera, ✆ 65 31 41)
Cala Santanyi: Hotel Cala Santanyi** (April – Okt., Cala Santanyi s/n, ✆ 65 32 00)

Einkehrmöglichkeiten
Restaurant vor der Einmündung der Straße zu den Ruinen *Capocorb Vell* in die Straße Cap Blanc–Ses Salines (mallorquinische Hausmannskost, tgl. ab 9.30 Uhr) sowie Bar direkt an der Ausgrabung. Viele Einkehrmöglichkeiten in *Cala Figuera* (z.B. Sa Pizzeria, italien., Calle Marina 11, oder Can Jordi, mallorquinisch, Virgen del Carmen)

Öffnungszeiten
Capocorb Vell: Talaiot tgl. (außer Do) 10 – 18 Uhr. *Santanyi:* Pfarrkirche *Sant Andrés Apóstol* – Schlüssel liegt im Pfarrhaus (Casa de la Rectoría)

i Auskunft
Ultramar, Riu-Centre, S'Arenal, ✆ 26 65 04, 26 65 08

Karte
Falk-Plan Mallorca

Variante
Ein Abstecher zu einem der schönsten und jedenfalls letzten naturbelassenen Dünen-Sandstränden Mallorcas, zur *Platja d'es Trenc*. Nach Vernissa die erste Abzweigung rechts nach Sa Ràpita, nach 3 km links, dann nach 2 km rechts dem Schild »Ses Covetes« folgen. In dem kleinen Fischer- und Urlauberort ohne Hochhausblocks und Hotelburgen geht es dann links immer am Strand entlang (Länge des Umweges 7 km).

28 Von Colònia de Sant Jordi bis Port d'Alcúdia

Aus dem Süden bis in den Norden – quer über die Insel

 Ausgangsort
Colònia de Sant Jordi

 Zielpunkt und Rückfahrt
Port d'Alcúdia

 Gesamttourenlänge
79 km

 Durchschnittlicher Zeitbedarf
7 Std.

 Etappen
Colònia de Sant Jordi – Campos del Port 13 km – Porreres 10 km – Montuiri 8 km – Sinéu 11 km – Llubí 6 km – Sa Pobla 9 km – Lago Esperança 15 km – Port d'Alcúdia 7 km

 Steigungen und Gefälle
400 Höhenmeter

 Struktur des Geländes
Landwirtschaftliche Ebene, mit leicht gewelltem Hügelland von Campos del Port bis Sinéu. Sumpfland vor Port d'Alcúdia.

 Sehenswertes am Weg
Sinéu: Pfarrkirche, Innenstadt, Tiermarkt. *Sa Pobla:* Plaça Major. *Alcúdia:* römische Ausgrabungen *Pollentia*, Teatro Romano, Stadtmauer, Museu Monogràfic de Pollentia, Pfarrkirche Sant Jaume.

 Wegmarkierungen
Straßenwegweiser

 Günstigste Jahreszeit
September – Mai

 Besondere Ausrüstung
Sonnenschutz. Mückenschutz für die Sümpfe hinter Port d'Alcúdia

 Empfehlenswerter Radtyp
Schaltung mit 3–5 Gängen

Von **Colònia de Sant Jordi** radeln wir durch die Ebene voller Windmühlen und Salzgärten (*Salines de Llevant*) nach **Campos del Port** – das ist eines der vielen landwirtschaftlich dominierten Städtchen im Binnenland Mallorcas. Im Ort fahren wir ein kurzes Stück auf der C717 Richtung *Palma*, dann aber an

28 Von Colònia de Sant Jordi bis Port d'Alcúdia

Mallorquiner gehen ungern zu Fuß – je nach Wegbeschaffenheit und finanziellen Möglichkeiten kommen die unterschiedlichsten Transportmittel zum Einsatz.

Von Colònia de Sant Jordi bis Port d'Alcúdia 28

Mallorquinische Bauern beschäftigen sich vor allem mit Viehzucht und der Pflege der uralten Plantagen: Hier wachsen Oliven, Mandeln, Obst und Zitrusfrüchte.

der zweiten Kreuzung rechts nach **Porreres**. Jetzt wird das Gelände ein wenig hügeliger, aber keinesfalls schroff – die Strampelanstrengung hält sich noch in gut erträglichen Grenzen. Linker Hand ist das auf einem Hügel gelegene Kloster *Santuari de Montision* zu sehen (14. Jh., von Porreres aus über 4 km lange Zufahrt zu erreichen, schöne Klosterkirche).

In Porreres folgen wir dem Wegweiser nah **Montuiri**, dort nehmen wir das enge Sträßchen nach **Sinéu**. Dort ist jeden Mittwoch *Markt* – eine bunte Mischung aus Touristenattraktion und ländlicher Zusammenkunft. Die engen Straßen des alten Städtchens bersten dann vor Menschen, Tieren und Automobilen. Wir lassen unsere Räder am besten ein wenig außerhalb und schieben uns zu Fuß

28 Von Colònia de Sant Jordi bis Port d'Alcúdia

durch das Gedränge. Im Angebot sind sowohl lebende Pferde, Kälber, Enten, Gänse, Hühner, Kaninchen, Wellensittiche, aber auch Bekleidung, Lederwaren, Spielzeug, Haushaltsartikel sowie eine gute Auswahl an kulinarischen Produkten von der Insel: Schinken, Würste, Käse, Gemüse, Obst und allerlei süße Sachen. Hier lassen sich vortrefflich die Bau-steine für ein ländliches Picknick zusammenkaufen, das Sie ein paar Kilometer außerhalb der Stadt im Schatten der Oliven- und Mandelbäume in aller Ruhe genießen können. Ansonsten stehen auch zahlreiche Marktrestaurants mit meist deftigem Speiseangebot zur Verfügung.
Von Sinéu fahren wir nördlich in das Städtchen **Llubí**, von dort geradeaus weiter nach **Sa Pobla**. Jetzt sind wir im Windmühlenland Mallorcas – manche der alten Ungetümer sind zwar schon ziemlich verfallen, aber malerisch sind die meisten allemal. Auf der *Plaça Major* von Sa Pobla laden einige Bars zu schattiger Erholung ein.
In Sa Pobla ist unser Ziel bereits ausgeschildert: »**Port d'Alcúdia**«, der Badeort am Nordende der Bucht von Alcúdia. Wir erreichen ihn auf einer kleinen Landstraße durch die Sumpflandschaft S'Albufera, dann am Lago Espererança, einem kleinen Salzsee, vorbei nach links auf der Uferstraße C712 zwischen Artá und Alcúdia.

 Anfahrt zum Ausgangsort
Mit dem Bus von Palma, mehrmals tgl.

 Rückfahrt zum Zielpunkt
Wie Anfahrt

 Radverleih
Mehrere Vermieter direkt an der Strandpromenade und am Camino del Molino

 Übernachtungen unterwegs
Viele Hotels in *Colònia de Sant Jordi*, z.B.: Hotel Marques de Palmer*** (Mai – Okt., Playa es Trenc, ℡ 65 51 00). Hostal Colònial* (ganzjährig, Calle Gabriel Roca 13, ℡ 65 52 78)
Port d'Alcúdia: Playa Esperanza*** (Mai – Okt., Carretera Alcúdia-Artá, ℡ 89 05 68), Pension Vista Alegre* (Via Vicealmirante Moreno 22, ℡ 54 69 77)
Alcúdia: President*** (Mai – Okt., Ctra. de Aucanada s/n, ℡ 54 53 05), Hostal Mal Pas** (Mai – Okt., Playa Mal Pas, ℡ 54 51 43) und das einfache C'an Costa (Calle Sant Vicenç, 16, ℡ 54 53 94)

 Einkehrmöglichkeiten
Sinéu: mehrere einfache Restaurants rund um den Marktplatz.
Port d'Alcúdia: Sa Bota (Vicealmirante Moreno 26, ℡ 54 50 72). Miramar (Dez.–Jan. geschl., Fisch, Vicealmirante Morena 4, ℡ 54 52 93)
Alcúdia: C'an Costa (Mo geschl., Calle Sant Vicenç 16, ℡ 54 53 94), Bon Aire (Mal Pas s/n, ℡ 54 61 43)

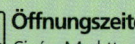 **Öffnungszeiten**
Sinéu: Markttag ist jeweils Mittwoch, von frühmorgens bis längstens 14, 15 Uhr. *Alcúdia:* Ausgrabungsgelände *Pollentia*, tgl. von Sonnenaufgang bis Sonnenuntergang. Museu Monogràfic de Pollentia, Calle Sant Jaume 2, Di–So 10 – 13 u. 15 – 18 Uhr. Pfarrkirche Sant Jaume – Schlüssel im Pfarrhaus gegenüber.

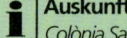 **Auskunft**
Colònia Sant Jordi: Oficina Municipal de Turismo, Calle Doctor Barraquer 5, ℡ 65 54 37
Port d'Alcúdia: Oficina Municipal de Información, Vicealmirante Moreno, 2, ℡ 54 63 71, Mo –Sa 9 – 13 und 17 – 20 Uhr

Karte
Falk-Plan Mallorca

 Variante
Von Port d'Alcúdia sind es nur mehr 2 km nach *Alcúdia* – dort lockt eine intakte Altstadt, von einer gut erhaltenen mittelalterlichen Stadtmauer umschlossen, sowie die einzigen nennenswerten römischen Ausgrabungen Mallorcas. Auf dem schattigen Platz vor dem östlichen Stadttor finden Sie von Einheimischen gern genutzte Cafés und Restaurants. Auch die kleine *Tour 23* zum *Cap d'es Pinar* wäre gut anzuschließen (Länge des Umweges 2 km).

29 Von Cala d'Or bis Can Picafort

Über die Serra de Llevant an die Bucht von Alcúdia

Ausgangsort
Cala d'Or

Zielpunkt und Rückfahrt
Can Picafort

Gesamttourenlänge
54 km

Durchschnittlicher Zeitbedarf
4½ Std.

Etappen
Cala d'Or – Calonge 5 km – Can Roig 7 km – Felanitx 5 km – Petra 16 km – Santa Margalida 12 km – Can Picafort 9 km

Steigungen und Gefälle
200 Höhenmeter

Struktur des Geländes
Landwirtschaftliche Ebene, kleiner Hügelzug zwischen Calonge und Felanitx mit Obstbaumplantagen, Olivenbäumen und Weiden

Sehenswertes am Weg
Petra: Geburtshaus Juníper Serras, des berühmten wie weitgereisten Franziskanerpaters (Museum), Pfarrkirche Sant Pere (1724) mit sechseckigem Glockenturm. Kirche von *Santa Margalida* (1232).

Wegmarkierungen
Straßenwegweiser

Günstigste Jahreszeit
September – Juni

Besondere Ausrüstung
Sonnenschutz

Empfehlenswerter Radtyp
Schaltung, mindestens 3 Gänge

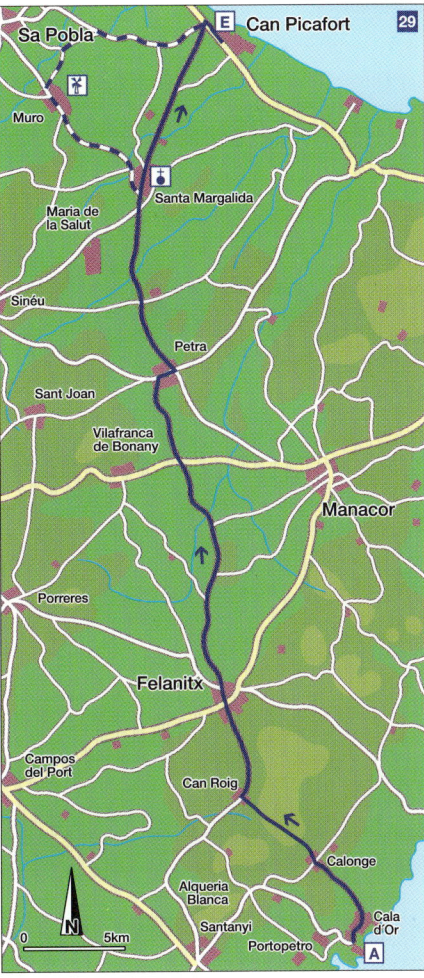

Von **Cala d'Or** fahren wir ins Hinterland nach **Calonge**, einem leider durch die Hauptstraße verkehrsdurchbrausten Städtchen.

Von **Calonge** folgen wir der Straße nach *Felanitx*. Kurz vor der Stadt befindet sich rechts eine Abzweigung hinauf zum *Castell de Santueri*, einer maurischen Festung mit weitem Rundblick bis nach Ibiza und Menorca. Zwischen Oliven- und Mandelhainen fahren wir weiter bis **Felanitx**.

Dort ist (für noch nicht ganz Müde) die »Besteigung« des nur knapp 100 Meter

113

29 Von Cala d'Or bis Can Picafort

Die Macchie oder Garrigue ist das für Mallorca typische, dornige, im Sommer trockene, im Winter grüne, im Frühling blühende und stets duftende Gestrüpp. Blick vom Santuari de Nostra Senyora de Bonany.

hohen *Kalvarienberges* zu empfehlen oder ein Spaziergang durch die malerische *Altstadt* (zahlreiche Restaurants, Bars etc.). Sehenswert ist auch die Pfarrkirche *Sant Miquel* (von 1248, im Jahre 1762 heftig umgebaut).

Von Felanitx geht es jetzt immer nördlich, auf wenig befahrenen, schmalen Straßen zwischen Feldern und Weiden durch **Petra** (sehenswert: das *Geburtshaus Juniper Serras*, des weitgereisten Franziskanerpaters, mit einem kleinen Museum und die Pfarrkirche *Sant Pere* aus dem Jahre 1724 mit ihrem sechseckigem Glockenturm) nach **Santa Margalida**. Dieses Städtchen liegt im Frühling tatsächlich inmitten von Margaritenwiesen – ob dessen Name wohl daher kommt? Vom Vorplatz der Pfarrkirche (von 1232) hat man einen herrlich weiten Blick auf die zentrale Ebene der Insel, von der Bergkette der Serra de Tramuntana im Nordwesten über die Bucht von Palma im Südwesten bis zur Serra de Artá im Osten. Von Santa Margalida führt die Straße geradewegs an die hinter dichten Kiefernwäldern versteckten, feinsandigen Küste, in den aufstrebenden Ferienort *Can Picafort*.

Von Cala d'Or bis Can Picafort — 29

Der Kirchenvorplatz von Santa Margalida bietet einen herrlichen Rundblick über die zentralen Ebenen der Insel.

30 Von Portocristo bis Port de Pollença

Über die Serra de Llevant an die Bucht von Pollença

 Anfahrt zum Ausgangsort
Mit dem Bus von Palma nach Felanitx, von dort weiter nach Cala d'Or

 Rückfahrt zum Zielpunkt
Siehe Anfahrt

 Radverleih
Cala d'Or: Calle Sementi des Forti 2, ✆ 65 71 20

 Übernachtungen unterwegs
Cala d'Or: Rocador*** (April – Okt.), Marqués Comillas 3, ✆ 65 70 76),
Hotel Tamarix** (April – Okt., Cala Serna, ✆ 56 78 51, Hostal Neptuno D'Or*, ganzjährig, Bulevar 19, ✆ 65 70 84)
Felanitx: Sa Posada d'Aumallia**** (ganzjährig, herrliches Landgut mit Pool, Tennis, Reitmöglichkeit, nicht ganz billig. Camino Son Prohens, ✆ 58 26 57)
Can Picafort: siehe Tour 30

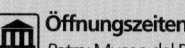 **Einkehrmöglichkeiten**
Felanitx: Restaurant Vistahermosa (Carretera Felanitx–Portocolom, km 6, ✆ 82 49 60, Ende Nov. – Ende März geschl.);
siehe auch Tour 30

 Öffnungszeiten
Petra: Museo del Padre Serra, C/. Barraca Ecke C/. Fray Junípero Serra (Schlüssel im Haus Nr. 6), tgl. 9 – 13 u. 15.30 – 18 Uhr

ℹ Auskunft
Cala d'Or: Oficina Municipal de Turismo, Avinguda Cal Llonga, ✆ 65 74 63
Can Picafort: Oficina Municipal de Turismo, Plaça del Ingeniero Gabriel Roca, ✆ 85 03 10

📖 Karte
Falk-Plan Mallorca

Variante
Von Santa Margalida aus in die Windmühlenfelder und die ursprüngliche Sumpflandschaft *S'Albufera*. Von dem Städtchen also nicht direkt nach Can Picafort, sondern links nach Muro. Hinter Muro rechts über die kleine, unbeschilderte Straße nach dem Ortsausgang in Richtung der Windmühlen, bei der Einmündung in die Querstraße rechts, bei der ersten Möglichkeit links durch das Sumpfgebiet. An der Küstenstraße rechts nach Can Picafort (Länge des Umweges 12 km).

 Ausgangsort
Portocristo

 Zielpunkt und Rückfahrt
Port de Pollença

 Gesamttourenlänge
68 km

 Durchschnittlicher Zeitbedarf
5 Std.

 Etappen
Portocristo – Manacor 13 km – Ses Pastores 17 km – Can Picafort 13 km – Alcúdia 15 km – Port de Pollença 10 km

 Steigungen und Gefälle
150 Höhenmeter

 Struktur des Geländes
Leicht gewelltes Hügelland von Portocristo bis Ses Pastores, dann flache Küstenebene zwischen Urbanisationen und unberührter Sumpflandschaft

 Sehenswertes am Weg
Portocristo: Coves del Drach (Drachenhöhle). *Manacor:* Perlenfabriken. *Alcúdia:* römische Ausgrabungen *Pollentia*, Teatro Romano, Stadtmauer, Museu Monogràfic de Pollentia, Pfarrkirche Sant Jaume.

 Wegmarkierungen
Straßenwegweiser

Günstigste Jahreszeit
September – Mai

Besondere Ausrüstung
Sonnenschutz. Mückenschutz für die Sümpfe hinter Can Picafort

 Empfehlenswerter Radtyp
Schaltung mit 3 – 5 Gängen

Von Portocristo bis Port de Pollença 30

Die Ebene S'Albufera bei Sa Pobla – dort, wo sie bereits entwässert ist. Im Hintergrund die nördliche Gebirgskette.

Von *Portocristo* radeln wir auf direktem Wege nach **Manacor**, die zweitgrößte Stadt der Insel. Keine Schönheit, aber auf die Erzeugung schöner Produkte spezialisiert: *Kunstperlen*. Die glänzenden Kügelchen kann man hier allerorten kaufen, ja in manchen Manufakturen sogar bei deren Herstellung zusehen – ein Mitbringsel oder Geschenk an sich selbst, das sogar im schmalsten Fahrradgepäck ohne weiteres Platz findet!
In Manacor müssen wir nun die schmale Straße nach *Ses Pastores* finden, die an einigen Stellen mit »Can Picafort« ausgeschildert ist. Sollte es dabei aber zu Schwierigkeiten kommen, versuchen wir, uns an die C715, die große, nicht zu verfehlende Verbindungsstraße zwischen Palma und Artá, zu halten – von der geht mitten in *Manacor* Richtung *Artá* gesehen links unser Sträßchen ab. In **Ses Pastores** – nicht mehr als eine Handvoll Häuser – biegen wir links in die C712 nach *Alcúdia* ab – viel befahren, aber ausreichend breit und an der Bucht von Alcúdia mit einem abgetrennten Fahrradstreifen versehen. Durch die ewig lang die Straße begleitenden Urlaubsorte Can Picafort und Port d'Alcúdia erreichen wir **Alcúdia**, das kunsthistorische Highlight der Tour (und ganz nebenbei auch idealer Platz für eine Mittagsrast): Hier befinden sich gleich rechts vor der Ortseinfahrt die einzigen nennenswerten römischen Ausgrabungen der Insel, nämlich die Reste der antiken Stadt *Pollentia* mit dem *Teatro Romano* sowie eine gut erhaltene mittelalterliche *Stadtmauer*, die informative historische Sammlung *Museu Mo-*

30 Von Portocristo bis Port de Pollença

Von Portocristo bis Port de Pollença 30

nográfic de Pollentia und die Pfarrkirche *Sant Jaume*.
Noch in Alcúdia fahren wir hinter der Altstadt nicht geradeaus, sondern rechts immer am Meer entlang bis *Port de Pollença* – immer ganz dicht am unverbauten Strand, jederzeit bereit, ins kühlende Naß zu springen.

Die Strände vor Port de Pollença haben allerdings den gravierenden Nachteil, sehr nahe an der vielbefahrenen Straße dorthin zu liegen. Empfehlenswerter für eine erholsame Erfrischung ist es, Port de Pollença via Uferpromenade zu durchqueren und sich direkt hinter dem Ort an den Strand zu legen.

A Anfahrt zum Ausgangsort
Busse von Palma, Artá, Manacor und entlang der Ostküstenstraße (mehrfach täglich)

R Rückfahrt zum Zielpunkt
Siehe Anfahrt

Radverleih
In Portocristo an der Strandpromenade (mehrfach)

Übernachtungen unterwegs
Portocristo: Castell dels Hams*** (April – Okt., Carretera Manacor-Portocristo s/n, ✆ 82 00 07). Drach** (April – Okt., Carretera Coves s/n, ✆ 8 20 81 89)
Can Picafort: Tonga Sol*** (Mai – Okt., Carretera Artá-Alcúdia, ✆ 85 00 00). Sol*** (Mai – Okt., Avenida Jaime I, ✆ 85 02 21). Galaxia* (April – Okt., Avenida Colón 48, ✆ 52 71 29). Campingplatz Platja Blava südlich der Uferstraße (landeinwärts) gelegen, ✆ 53 78 63
Port d'Alcúdia: Playa Esperanza*** (Mai – Okt., Carretera Alcúdia-Artá, ✆ 89 05 68), Pension Vista Alegre* (Via Vicealmirante Moreno 22, ✆ 54 69 77)
Alcúdia: President*** (Mai – Okt., Ctra. de Aucanada s/n, ✆ 54 53 05), Hostal Mal Pas** (Mai – Okt., Playa Mal Pas, ✆ 54 51 43) und das einfache C'an Costa (Calle Sant Vicenç, 16, ✆ 54 53 94)

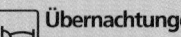 Einkehrmöglichkeiten
Portocristo: Restaurant im Club Náutico (✆ 82 08 80),
Can Picafort: Juan Mandilego (Dez.–Jan. u. Mo geschl., Fisch, Calle Isabel Garau 49, ✆ 85 00 89).
Port d'Alcúdia: Sa Bota (Vicealmirante Moreno 26, ✆ 54 50 72). Miramar (Dez.–Jan. geschl., Fisch, Vicealmirante Morena 4, ✆ 54 52 93)
Alcúdia: C'an Costa (Mo geschl., Calle Sant Vicenç 16, ✆ 54 53 94), Bon Aire (Mal Pas s/n, ✆ 54 61 43)
Port de Pollença: La Lonja del Pescado (Jan.– Febr. u. Mi geschl., Fisch, Dique Muelle s/n, ✆ 53 00 23).

Öffnungszeiten
Portocristo: Coves del Drach (Drachenhöhle) April – Okt. tgl. 10 – 17 Uhr, Führung jede volle Std., Nov. – März Führungen 10.45, 12, 14 u. 15.30 Uhr, Konzert.
Manacor: Perlas Majórica (Perlenfabrik, Via Roma s/n, Mo – Fr 9 – 13 u. 14.20 – 19, Sa u. So 9 – 13 Uhr.
Alcúdia: Ausgrabungsgelände *Pollentia* tgl. von Sonnenaufgang bis Sonnenuntergang.
Museu Monográfic de Pollentia, Calle Sant Jaume 2, Di –So 10 – 13 u. 15 – 18 Uhr.
Pfarrkirche Sant Jaume – Schlüssel im Pfarrhaus gegenüber.

i Auskunft
Portocristo: Oficina Municipal de Turismo, Gual 31, ✆ 82 09 31
Can Picafort: Oficina Municipal de Turismo, Plaça del Ingeniero Gabriel Roca, ✆ 85 03 10
Port d'Alcúdia: Oficina Municipal de Información, Vicealmirante Moreno, 2, ✆ 54 63 71, Mo –Sa 9 – 13 und 17 – 20 Uhr
Alcúdia: Info Ayuntamienta, Capitán Gual 11, ✆ 54 50 66
Port de Pollença: Associación de vicinos del Port de Pollença, Calle Miquel Capllonch s/n, ✆ 53 46 66.

Karte
Falk-Plan Mallorca

Variante
Wer schmale, kurvige und ruhige Landstraßen einer schnurgeraden und vielbefahrenen, dafür aber größtenteils mit Radwegen versehenen Küstenstraße vorzieht, der schwenkt ab Manacor um – auf die C715 nach links, östlich Richtung Palma, aber schon nach 2 km weg von der Rennstrecke auf die Abzweigung rechter Hand nach *Petra*.
Von dort geht es anschließend über Santa Margalida, Muro, Sa Pobla und Pollença nach Port de Pollença (etwa gleich lang wie die Hauptstrecke).

Informationen für Radwanderer

Vorbereitung

Die in diesem Führer vorgeschlagenen Strecken bedeuten alles andere als Gewalttouren, sie erfordern keinerlei sportliche Höchstleistungen und sind auch von keinem Ehrgeiz getragen, irgendwelche Rekorde aufzustellen. Und dennoch: Mallorca ist nun mal eine Mittelmeerinsel, auf der während eines guten halben Jahres für unsere Begriffe sommerliche Temperaturen herrrschen – aber das ist schließlich auch einer der Gründe, warum es soviele Menschen dorthin zieht. Und Mallorca ist zu einem großen Teil seiner Fläche bergig oder wenigstens hügelig, und genau diese Regionen der Insel sind die landschaftlich reizvollsten, die die Besucher der Insel am ehesten anlocken.

Bevor Sie für eine oder mehrere Wochen Radlerurlaub nach Mallorca aufbrechen, wären kleinere Radpartien zur Übung nicht schlecht: um mit den Bewegungsabläufen des Radelns frisch vertraut zu sein, um die Gelenke ein wenig in Schwung zu bringen und um genügend Sicherheit auf dem Rad zu haben, damit es einen nicht gleich unfreiwillig in den Straßengraben drückt, wenn beispielsweise auf einer engen mallorquinischen Serpentinenstraße ein in diesem Moment garantiert als überbreit empfundener Touristenbus entgegenkommt ...

Für Kühle sollten Sie dennoch gerüstet sein: In den nördlichen Bergen, aber nicht nur dort, kann auch an sonst heißen Sommertagen gegen Abend eine frische Brise aufkommen; die Berge sind manchmal – selbst bei brütender Hitze unten am Strand – in lichtem, feuchtem und ein wenig frischem Nebel. Auch Regenkleidung sollten Sie unbedingt dabei haben: In den Sommermonaten Juli und August geht die Niederschlagswahrscheinlichkeit zwar gegen Null (in diesen beiden Monat gibt es, statistisch gesehen, zwischen einem und zwei Regentagen, an denen es aber meist nicht den ganzen Tag, sondern nur ein paar Stunden regnet), aber dennoch: Gegen Regen ist auch Mallorca nie gefeit, und angesichts der Kapriolen, die das Wetter in den letzten Jahren aufgrund großklimatischer Verschiebungen spielt, sind Niederschläge nie ganz auszuschließen.

Jedenfalls gilt die Regenwarnung vor allem für die Herbst-, Frühlings- und Wintermonate: Dann kann die Insel auch schon mal für eine gute Woche in Regenwolken versinken.

Trotzdem: Reduzieren Sie Ihr Gepäck auf das notwendige Minimum, wenn Sie radwandern wollen und Ihre Habe mit dem Fahrrad von einem Ort zum anderen transportieren müssen. An jeder Steigungsstrecke müssen Sie sonst für jedes Kilogramm »Frachtgewicht« büßen!

Ausrüstung

Kleidung zum Radfahren

Auf Mallorca ist es fast immer warm, sehr oft heiß und, vor allem an der Nordküste, regelmäßig windig – danach sollten Sie Ihre Kleidungsstücke auswählen: Verwenden Sie dünne, leichte Materialien, Baumwolle oder eines der modernen High-Tech-Fahrradbekleidungsgewebe, sowie Shorts und T-Shirts. Ideal sind Kleidungsstücke, die Sie – im Zwiebelschalensystem – miteinander und in mehreren Lagen kombinieren können, um sich einer Schicht nach der anderen zu entledigen, wenn Sie während der Fahrt so richtig ins Schwitzen kommen.

Gepäcktaschen

Ein Muß, vor allem für den, der mit dem Rad von einem Quartier zum anderen fahren will! Am besten sind die sogenannten »Dreipacktaschen« mit Behältnissen links und rechts vom Hinterrad sowie auf demselben. Als sinnvolle Ergänzung eignen sich Lenkertaschen, die meist über eine Klarsichtfolie als Deckel verfügen, unter der die Straßenkarte, stets an der aktuellen Stelle aufgefaltet, gut Platz findet. So sind auch Dinge wie Fotoapparat, Geldbörse, Kreditkarten, Schlüssel oder Sonnenbrillen stets griffbereit und im Handumdrehen vom Rad zu entfernen, denn deren Mitnahme ist auch bei aller-

Informationen für Radwanderer

Landschaft bei Valldemossa im Nordwesten der Insel. Die steile Felsküste bietet viele spektakuläre Ausblicke.

kürzesten Wegen – etwa vom Rad zu einem Aussichtspunkt auf der anderen Straßenseite – zu empfehlen. Mallorca ist zwar überhaupt kein gefährliches Pflaster und das Risiko, auf der Insel »ausgeraubt« zu werden, ist vermutlich geringer als in einer beliebigen deutschen Großstadt; aber man sollte niemanden durch Fahrlässigkeit oder Sorglosigkeit in Versuchung bringen.

Die vielen kleinen Dinge

Das sind diese Gegenstände, die am leichtesten, kleinsten, unauffälligsten und doch in manchen Situationen am wichtigsten sind. Hier sollten Sie nicht am falschen Platz mit Gewicht geizen! Eine Liste mit den unentbehrlichen kleinen Helfern:

- Badekleidung; Badebuchten gehören zum festen Bestandteil fast aller dargestellten Radtouren. FKK ist auf Mallorca (bis auf den Strand Es Trenc) unbekannt und unerwünscht)
- Fahrradhandschuhe (die brauchen Sie vielleicht nicht für einen oder zwei Tage Radlerei, aber am vierten Tag könnte es sein, daß Ihnen dieses Mini-Gepäckstück abgeht ...)
- Kopfbedeckung (unentbehrlich im Sommer – ein Sonnenstich ist sonst unvermeidlich)
- Löffel (haben Sie schon mal unterwegs einen Joghurt ohne Löffel zu essen versucht?)
- Münzen oder Telefonkarten (falls Sie spontan bestimmte Hotels ansteuern, sich aber vor kilometerlangen Umwegen dorthin vergewissern wollen, ob überhaupt noch Zimmer frei sind. Fast die ganze Insel ist übrigens mit dem GSM-Netz versorgt)
- Plastiktüten (um trockenes und feuchtes Gepäck in den Packtaschen voneinander zu trennen)
- Sonnenbrille (eine fahrradtaugliche, die bei den ersten Schweißausbrüchen auf dem Nasenrücken nicht gleich abrutscht)
- Sonnenöl (Schutzfaktor mindestens 15, besser 25 und mehr – braun werden Sie beim Radeln auf Mallorca ohnehin)
- Taschenmesser (Sie glauben gar nicht, wie gut spanische Lebensmittel, die Sie in den kleinen

Informationen für Radfahrer

Auf dem Weg zum Cap d'es Pinar begegnen wir bizarren Felsformationen.

- Allianz Freizeitkarte (1:120 000, Mairs Geographischer Verlag, Ostfildern)
- Falk-Plan Mallorca, Palma de Mallorca (1:175 000, mit Stadtplan von Palma, Falk-Verlag, Hamburg-Berlin). Diese Karte eignet sich gut für die Verwendung direkt am Rad und unter der Klarsichthülle der Lenkertasche (patentierte Faltungsmethode, die leicht den Blick auf kleinere Segmente des Planes ermöglicht)
- Firestone-Karte (1:125 000, mit gutem Stadtplan von Palma, Plegamap, Madrid)
- Generalkarte Mallorca (1:175 000, Mairs Geografischer Verlag, Ostfildern)
- Große RV-Länderkarte (1:150 000, RV-Verlag, Stuttgart)

Alle Karten kosten zwischen 9 und 15 Mark. Abzuraten ist vom Kauf absoluter Billigkarten auf Mallorca – die sind meistens ungenau gezeichnet, unvollständig und in vielen Teilen leider oft auch falsch.

Geeignete Radtypen

Ob Rennrad, Mountainbike oder Trekkingbike – im Prinzip ist jeder Fahrradtyp für Mallorca und die angebotenen Touren geeignet, sofern es sich um kein Hollandrad ohne Gangschaltung handelt – dafür ist Mallorca einfach zu gebirgig.
Die Gangschaltung ist überhaupt das Um und Auf jedes mallorcatauglichen Rades. Gänge kann man hier gar nicht genug haben: mindestens 10, besser noch 12 oder 18 Gänge. Wichtig ist auch, daß Sie ein leichtes Rad fahren – die Berge sind schwer genug; und falls Sie mal in die Verlegenheit kommen, schieben zu müssen, dann macht sich jedes Kilo weniger doppelt bezahlt!
Da jede Bergstrecke auch mal nach unten führt, sind funktionstüchtige, starke Bremsen unbedingte Voraussetzung – wenn die nicht einwandfrei funktionieren, können Sie auf den schmalen und gewundenen Bergabfahrten arg ins Gedränge kommen. Vor Antritt eines Radurlaubes auf Mallorca empfiehlt es sich ohnehin, sämtliche Funktionen des Rades gründlich und gewissenhaft durchzuchecken.

Geschäften für die Mittagsrast eingekauft haben, verpackt sein können)
- Wasserflasche (mit Halterung für das Fahrrad – in den Bergen oft kilometerweit keine Einkehrmöglichkeit)
- Wundsalbe (man kann schließlich nie wissen ...)

Kartenmaterial

Folgende sowohl in Deutschland als auch auf Mallorca erhältliche Karten bieten sich für die Organisation von Radtouren an:

Informationen für Radwanderer

Radfahren auf Mallorca bedeutet auch, Berge hinaufzustrampeln – als Belohnung winkt fast immer herrliche Aussicht.

Noch ein Wort zur Bereifung: Da fast alle Touren fast durchwegs gute Asphaltstraßen benutzen, bereitet schmale Bereifung normalerweise keine Probleme – ganz im Gegenteil: Gerade wegen der guten Straßen, den interessanten Kurvenstrecken und dem milden Winterklima sind vor allem in der kühlen Jahreszeit stets Hunderte von Radrennprofis auf Mallorca unterwegs, um ihr Können trainieren – selbstverständlich auf den edelsten Rennmaschinen mit Reifen, die nicht viel dicker als ein Cigarillo sind.
Für Leute, die es gerne technisch haben, hier nochmal die idealen Spezifikationen eines Mallorca-Rades:

- Reifengröße: 25-/28-32-630 oder 25-/28-/32-622 (27*1/11/4-28*1/11/4 Zoll)

- Gangschaltung: Am besten Dreifach-Kettenblatt vorne; hinteren Zahnkranz mit 14 bis 24, besser noch 28 Zähnen, d.h. bis zur Übersetzung 1:1 – manche Straßenstücke sind eben wirklich steil!

Radzubehör

Die wohlmeindende Fahrradindustrie versorgt uns mit Tonnen nützlicher wie nutzloser Rad-Accessoires – lassen Sie sich nicht verwirren und beschränken Sie Ihr Zubehörset auf das Wesentliche:

- Ersatzbremsgummi
- Ersatzschläuche (am besten 2 – die Reifen platzen immer in unpassenden Momenten)
- Fahrradöl (Kettenspray)
- Flickzeug (mit Vulkanisierungsmittel, ggf. Ventilgummi, Aufrauher)
- Inbusschlüssel
- Lappen (zum Abwischen der Hände – und damit das Werkzeug nicht ununterbrochen klappert)
- Luftpumpe
- Reifenheber
- Schraubendreher
- Zahnkranzabzieher

Informationen für Radfahrer

Anreise

Die meisten Mallorca-Urlauber kommen mit dem Flugzeug auf die Insel – das ist die mit großem Abstand bequemste, schnellste und mittlerweile auch billigste Art der Anreise: Charterflüge von Deutschland nach Palma sind jenseits der Hauptsaison manchmal schon für weniger als 300 Mark zu bekommen – das ist weniger, als Sprit, Autobahngebühren, Fährtarife und unterwegs notwendige Übernachtungen bei einer Autoanfahrt kosten.

Heikel wird die Planung der Beweglichkeit, wenn man dann auf der Insel ist: Wer viele verschiedene Touren von verschiedenen Ausgangspunkten plant, dem ist ein Mietauto zu empfehlen – nur so ist man flexibel in der Routenwahl und in der zeitlichen Gestaltung der Urlaubstage (unter der Voraussetzung, daß die Räder erst vor Ort auf Mallorca geliehen werden sollen – denn Dachträger gehören nicht zum normalen Sortiment der Autovermieter, und Kombis, in die Räder hineinpassen, sind in der Anmietung relativ teuer und außerdem selten zu bekommen).

Wenn Sie sich auf Mallorca allerdings auf Bahnen, Busse und Schiffe verlassen wollen, heißt es genau planen: Das Verkehrsnetz deckt zwar die ganze Insel, ist aber in vielen Gegenden weitmaschig. Viele Orte werden nur ein- bis dreimal täglich angefahren – das heißt, Sie müssen zur rechten Zeit am rechten Ort sein, um weiterzukommen.

Decken Sie sich also auf alle Fälle im voraus mit aktuellen Fahrplänen ein – und fragen Sie vor Ort jedenfalls, ob diese Fahrpläne auch mit den tatsächlichen Fahrzeiten übereinstimmen, denn es kann hier durchaus zu Verschiebungen kommen. Wenn es einmal mit einem Busanschluß nicht klappen sollte, zögern Sie nicht, auch mal ein Taxi zu rufen: Das ist ein für Mallorca-Urlauber durchaus beliebtes und gewöhnliches Verkehrsmittel und dazu vor allem bei Überlandfahrten auch noch wesentlich billiger als beispielsweise in Deutschland.

Wer für seine ganze Urlaubszeit ein festes Quartier gebucht hat, muß sich mit solchen Problemen – vorausgesetzt, die Unterkunft befindet sich in der Nähe eines größeren Ortes – nicht herumschlagen: In diesem Falle wird es genügen, direkt am Ort des Geschehens ein Fahrrad anzumieten und von dort sternförmig die Insel zu erkunden – das macht die Benutzung anderer Verkehrsmittel in der Regel überflüssig. Allerdings muß so mit längeren Rad-Anfahrtsstrecken zu einzelnen Touren gerechnet werden.

Radtransport

Viele Fluggesellschaften – besonders die Charter-Carriers – befördern Fahrräder als Urlaubsgepäck gratis, ohne das Gewicht der Räder auf das des anderen Reisegepäcks anzurechnen. Manche Gesellschaften haben feste Tarife für den Radtransport (zwischen 70 und 100 Mark für Hin- und Rückflug). Das spricht dafür, mit dem eigenen Rad nach Mallorca zu reisen, zumal das Vorteile gegenüber angemietetem Gerät bringen kann.

Wer mit Flugzeug und Fahrrad anreist, muß sich allerdings manchmal auf ein wenig Bastelei einstellen: Manche Airlines verlangen, daß der Lenker in Längsrichtung verdreht und so festgestellt wird, andere wollen die Pedale abgeschraubt wissen, in seltenen Fällen wird sogar verlangt, die Luft aus den Reifen zu lassen (sollte das gefordert sein, achten Sie darauf, ein wenig Druck in den Reifen zu belassen, damit sich diese nicht von den Felgen lösen und dann eventuell beschädigt werden).

Grundsätzlich empfiehlt es sich im Falle dieser Art des Fahrradtransportes, ein wenig früher als sonst auf dem Flughafen zu sein, um die notwendigen Handgriffe durchführen zu können. Bei der Ankunft in Palma achten Sie auf mit Rädern hantierendes Flughafenpersonal – es gibt hier keinen eigenen Sperrgepäckschalter, die Räder werden aus unterschiedlichen Luken oder Türen in die Ankunftshalle gehievt oder geschoben.

Radverleih

Räder gibt es auf Mallorca allerorten zu mieten: in größeren und auch kleineren Feriensiedlungen, Urbanisationen und touristischen Zentren, in Palma, direkt an den Stränden, in vielen Ho-

Informationen für Radwanderer

Quer über die Insel zu radeln geht schneller als man denkt – zwischen dem Gebirge im Norden und den Hügeln im Osten liegen weite Ebenen.

tels und Ferienclubs sowie in einigen Kleinstädten im Inselinneren. Das Vermietgeschäft besorgen eigene Radverleihe, aber auch Autovermieter, Tankstellen, Autowerkstätten und andere Geschäfte, die Touristenartikel verkaufen.
Viele dieser Räder sind in gutem, manche in sehr gutem Zustand, die meisten sind sogar relativ neu, da das Fahrradvermietgeschäft erst in den letzten paar Jahren auf Mallorca wirklich heimisch wurde.
Höchsten Ansprüchen werden diese Leihräder allerdings in den seltensten Fällen gerecht: Die meisten verfügen (wenn überhaupt) nur über eine 3- bis 5-Gang-Schaltung, instabile Damen-Rahmen ohne obere Querstange und lediglich 26-Zoll-Bereifung. Wer aber nur ein wenig gemütlich durch die Gegend strampeln möchte, keinen gesteigerten Wert auf die möglichen Bergtouren legt und nichts dabei findet, auf steileren Streckenabschnitten auch mal ein bißchen zu schieben, der wird mit den auf Mallorca angebotenen Leihrädern durchaus zufriedenzustellen sein.

Stehen an Ihrem Urlaubsort mehrere Radverleihe zur Verfügung, lohnen sich Preis- und Qualitätsvergleiche: Die Preise für ein Rad pro Tag variieren zwischen umgerechnet 8 und 15 Mark pro Tag. Überprüfen Sie jedenfalls die Funktionstüchtigkeit der Gangschaltung und der Bremsen, die Tiefe des Reifenprofils und, falls vorhanden, das Funktionieren der Beleuchtung. Nehmen Sie zur Anmietung auch etwas mehr Bargeld, einen Scheck oder einen Personalausweis mit – in der Regel wird eines davon vom Vermieter als Kaution einbehalten.

Verkehrsbestimmungen im Tourengebiet

Das Verkehrsgeschehen auf Mallorca läuft normalerweise reibungslos, ohne die teilweise chaotischen Zustände anderer Mittelmeerregionen. Aufpassen müssen Sie allerdings in den zahlreichen Kreisverkehren der Insel – dort geht es meist ein wenig lebhafter zu. Im Kreis hat

Informationen für Radfahrer

übrigens wie sonst auch immer der von rechts Kommende Vorfahrt (es sei denn, der Kreisverkehr wäre anders ausgeschildert, etwa durch Nachrangtafeln – was aber auf Mallorca eher selten der Fall ist). Die Promillegrenze 0,8 gilt übrigens auch für Radfahrer (auch wenn deren Einhaltung bei Pedalrittern normalerweise kaum kontrolliert wird).

Übernachtungen

An Unterkünften herrscht auf Mallorca kein Mangel – um nicht zu sagen, die seien an manchen Ecken der Insel im Überfluß vorhanden. Knapp können die Kapazitäten dennoch werden – während der beiden Sommermonate Juli und August, über Ostern, Pfingsten und während der deutschen Herbstferien.
Es ist also manchmal gar nicht so einfach, Quartier auf Mallorca zu finden, wenn man nicht im voraus gebucht hat. Hotelinformationen finden Sie bei den einzelnen Touren.

Verpflegung unterwegs

Für die ist auf Mallorca reichlich gesorgt: Hervorragend sortierte Supermärkte finden sich in allen größeren Orten und überall dort, wo viele Touristen zusammenkommen. Selbst kleinere, abgeschiedene Orte verfügen noch über einen Tante-Emma-Laden, wo Sie sich problemlos mit einfachen Lebensmitteln, Getränken, Obst und Waren des täglichen Bedarfs eindecken können. Hier müssen Sie allerdings die landestypischen Öffnungszeiten berücksichtigen, die zwar nicht durch gesetzliche Ladenschlußverordnungen, wohl aber durch die Lebensweise der Mallorquiner festgeschrieben sind: Geschäfte halten im allgemeinen Montag bis Samstag von 9 bis 12 oder 13 Uhr und 15 oder 16 bis 20 oder 21 Uhr geöffnet, Sonntag sind sie geschlossen. Diese Zeiten können ein wenig variieren, gemeinsam ist ihnen lediglich die lange Mittagspause – geheiligte spanische Siesta.
All diese Regeln gelten freilich nicht für die großen Ferienorte und Urbanisationen an den Küsten: Dort haben die meisten Läden als Zugeständnis an die Touristen ganztätig geöffnet und schließen auch an Sonntagen nicht – während des Sommers. Im Winter sind viele dafür rund um die Uhr geschlossen.

Einkehren unterwegs

In den touristischen Zentren, an den wichtigsten Durchgangsstraßen sowie an der Inselrundstraße steht eine Vielzahl von Restaurants, Imbißbuden, Weinkellern und Cafés zur Verfügung. Schwieriger wird es in den kleinen Dörfern und Städten des Inselinneren – dort servieren Cafés oft nur Getränke und kleine Snacks (tapas), sonst bleibt dort die Küche kalt – die Einheimischen versorgen sich lieber in den eigenen vier Wänden, die Touristen hält es mit Vorliebe in den Küstenorten.
Die meisten Restaurants halten ihre Küchen durchgehend geöffnet. Die für Mallorca typischen Essenszeiten: Mittagessen 14 bis 16 Uhr, Abendessen 21 bis 24 Uhr. Als Konzession an mitteleuropäische Eßgewohnheiten wird man Ihnen die Mahlzeiten natürlich auch gerne früher servieren, mit Ausnahme der Mittagszeit: Um vor 13 Uhr eine warme Mahlzeit aufzutreiben, muß man meist mit Imbißlokalen zufrieden sein.

Reiseapotheke

Sie brauchen nur das Allernotwendigste und Ihre persönlichen Medikamente, denn das Netz an Apotheken, Drogeriemärkten, Ärzten und Kliniken auf der Insel ist dicht. Viele niedergelassene Ärzte werben mit ihren Deutschkenntnissen, Kliniken inserieren in den deutschsprachigen Blättern der Insel mit ihrem sprachlichen Entgegenkommen gegenüber den deutschen Gästen.
Hier eine Liste Ihrer Minimal-Apotheke: Brandsalbe (bei evt. Sonnenbrand), Desinfektionstropfen (bei kleineren Unfällen, Schürfwunden ...), Durchfalltabletten, Heftpflaster, Mullbinde, Schmerztabletten, Wundsalbe. Dies wäre eine geeignete Grundausstattung.

Informationen für Radwanderer

Wichtige Adressen

Notruf auf Mallorca

ADAC: 093/200 88 00
Polizei: 091
Tourist Attention (nur im Sommerhalbjahr):
71 22 16

Konsulate auf Mallorca

Konsulat der Bundesrepublik Deutschland
Passeig d'es Born 15
Edifiçio Reina
Palma
Tel. 00 34/71/72 23 71

Vizekonsulat der Rebublik Österreich
Plaça Olivar 7/2/d
Palma
✆ 00 34/71/71 39 49

Schweizer Vizekonsulat
Passeig Mallorca 24
Palma
✆ 00 34/71/71 25 20

Spanische Fremdenverkehrsämter

Deutschland
Grafenberger Allee 100
40237 Düsseldorf
✆ 02 11/680 39 80

Myliusstraße 14
60323 Frankfurt/Main
✆ 0 69/72 50 33-38

Oberanger 6
Postfach 151490
80331 München
✆ 0 89/53 01 58

Österreich
Rotenturmstraße 27
1010 Wien
✆ 01/5 35 31 91

Schweiz
Seefelderstrasse 19
8008 Zürich
✆ 01/2 52 79 31

Spanien/Mallorca
Oficina de Turisme
Avinguda Jaume III
Palma de Mallorca
✆ 00 34/71/71 22 16

Oficina de Turisme
Aeroporto Sont Sant Juan (Flughafen Palma)
Palme de Mallorca
✆ 00 34/71/26 08 03

Foment de Turisme de Mallorca
Plaça de la Constitución 1
Palma de Mallorca
✆ 00 34/71/72 53 96

Ortsregister

Alle Ortsnamen in diesem Führer sind in Katalanisch angegeben – einem Trend entsprechend, der sich auf Mallorca in den letzten Jahren bedingt durch die Regionalisierungsbestrebungen in ganz Katalanien immer mehr durchgesetzt hat. Wenn Sie über ältere Bezeichnungen stolpern, seien Sie unbesorgt – mit ein bißchen Tüftelei lassen sich die auf Spanisch geschriebenen Namen meist ganz leicht in das sehr ähnliche Katalanisch »übersetzen«. Auch unter Mallorquinern besteht keineswegs Einigkeit über die Schreibweise vieler Namen – siehe die unterschiedlichen Schreibungen gleicher Orte, die Ihnen unterwegs immer wieder unterkommen werden ...

Kursive Ziffern verweisen auf Abbildungen, geradestehende auf Textstellen.

Algaida 49f.
Alaró 77ff..
Albufera 88ff., 98, 116, *117*
Alcúdia 88, 92ff., *94*, 95f. 112, 117
Andratx 61ff., 64ff.,
Artá 23ff., *24, 27*ff. *28*, 102

Banyalbufar 64ff., 66
Bunyola 73, 77, *77*

Cala Blava 45f., 106
Cala de Sant Vicenç 98
Cala d'Or 33ff, 37ff., 113f.
Cala Estreta 23, *25*, 26
Cala Figuera beim Cap de Formentor 84f., 87
Cala Figuera bei Santanyi 40, 106ff.
Cala Matzocs *25*, 26
Cala Mitjana 23, 26
Cala Mondragó 37, *38, 39*
Cala Pí *47*, 48, 84
Cala Rajada 23f., 27ff., 102ff.
Calonge 33f., 113
Calvià 55ff., *55, 56*, 60, 68
Campanet *82*
Campos del Port 42, 109
Can Picafort 17ff., 20ff., 96,ff., 99ff., 113ff.
Cap Blanc 45f., 108
Cap Ferrutx 23
Cap de Formentor 84ff., *85*
Cap d'es Pinar 87, 92,, 93ff., *98*, 112
Cap Na Foradada 59
Capdellà 56, 60, 67f.

Capdepera 24, 26, 27, 103
Capocorb Vell *45*, 46ff., 108
Castell d'Alaró 79
Castell del Rei *12*
Castell de Bellver 12, *53*, 54
Castell de Santueri 33ff., *34, 35*, 113
Coll de Sóller 74, *74*
Coll d'es Vent 57
Colònia de Sant Jordi 41ff., 109ff.
Colònia de Sant Pere 20, *21*, 29, 92, 98
Coves d'Artá (die Höhlen von Artá) 13, 30ff., *30*, 105
Coves del Campanet 13, 82ff., *82*, 90ff
Coves del Drach 13, 30, 119

Deià 76

Ermita de Betlem 23, 27ff., *27*
Ermita de la Victoria 94f.
Ermita de Nostra Senyora del Puig 12, 80f., 83, 88, 92, 96
Esporles *67*, 67, 71
Estellencs *64*, 65

Felanitx 36, 113

Inca 13, 83

Lago Esperança 88, 109
Llucmajor 47f., 50

Manacor 117
Maria de la Salut 99f.,*100*

Mirador Es Colomer 84, 87
Mirador de Ricardo Roca 64f.
Montuiri 109, 111

Oratorio de la Consolació 40
Oratorio de Santa Catalina 74
Orient 77f., *79*

Palma de Mallorca 12ff., 52ff., *53*, 67, 70, 73, 77, 99, 102
Palmanova 55ff., *59*, 69
Peguera 57ff.
Penya Rotja 95
Petra *18*, 19, 101, 102, 114
Platja de Canyamel 31f.
Platja d'es Trenc *41*, 108
Pollença 12, 81ff.,*86*, 88, *97*
Pollentia 88ff., 94ff., *94, 96*ff., 117
Port d'Alcúdia 93ff., 109ff.
Port d'Andratx 61, *61*
Port de Pollença 80ff., *82*, 84ff. 116ff.
Port de Sóller 73ff., *75*
Portals Vells 60
Portocolom 36
Portocristo 12, 30ff., *32*, 117f.
Portopetro 37
Punta d'es Barraca 20
Punta d'es Caló 22, *22*, 92, 98

S'Aranjassa 45, 47, 51
S'Arracó 61, 63
S'Arenal 45ff., 48ff., *49, 51*, 52ff., 106

Sa Granja 65, 67ff., *69*, 71
Sa Pobla 90, 96, 98, 112, *117*
Sa Ràpita 42, 44
Salines de Llevant 41ff., *43*, 108
Sant Llorenç d'es Cardassar 33
Sant Telm *62*, 63
Sant Vicenç 88ff., *89, 91*
Santa Eugènia 51, *104*
Santa Margalida 18f., 114, *115*
Santa Maria del Cami 51, 79
Santa Ponça *58*, 59
Santanyi 39f., 44, 108
Santuari de Nostra Senyora de Bonany 12, 101, *114*
Santuari den Nostra Senyora de Cura 12, 50
Serra de Llevant 36, 116ff.
Serra de Tramuntana 12, *56*, 77ff.
Ses Coves 51
Ses Covetes 42, 108
Ses Pastores 117
Sinéu 99, *99*, 102, 109ff.
Sóller 12f., 74ff., *75*
Son Doblons 17, 19

Talaiots de Ses Paises 24f., 103
Torre de Canyamel 12, 30f.

Valldemossa 12f., *70*, 70ff., *72*, 76, *121*, 121
Vilafranca de Bonany 12